TCLブックレット
Tokyo Children's Library
Booklet

よみきかせのきほん

── 保育園・幼稚園・学校での実践ガイド

東京子ども図書館 編

JN208180

もくじ

読み聞かせのための基本ガイド

子どもたちに読書の扉を開いてやるのは大人です

　世界中で、神話や昔話を持たない民族はいないといわれるほど、私たち人類はお話が好きです。わけても子どもは、この世界を驚きと喜びの目で見つめ、「なぜ？」「どうして？」とお話を求めてきます。そして今ではたくさんの子どものための本があり、子どもはそこから尽きせぬ喜び、興奮、憧れ、啓示（けいじ）を受け取っています。

　幼い子どもに読書の扉を開いてやるのは、身近な大人による読み聞かせです。それは読んで聞かせる親にも、その膝で聞き入る子どもにも最高の喜びとなります。

これから読み聞かせを始める方へ

　一方、図書館、児童館、学校などでもお話会を設けて、お話（ストーリーテリング）や、読み聞かせが行われています。特に小学校ではボランティアによる読み聞かせの実施が7割を超えています。この活動により、家庭で読み聞かせをしてもらえない子どもも読書の楽しさを受け取ることができます。

　あなたも今日から、その楽しみを届ける仲間に入ったのです。これまで、親としてわが子に絵本を読んだことがあったとしても、大勢の子どもの前で読み聞かせをすることは、それとは違った新しい体験になります。子どもの貴重な時間を使うという責任も伴います。

　まずこのガイドから学び、練習を重ねて、子どもたちの前に立ってください。初めはとまどうことばかりかもしれませんが、子どもたちから思いがけない発見や笑顔を贈られ、幸せな体験をするでしょう。そういう喜びがあるからこそ、今も大勢の方が、長年にわたり、熱心に活動にたずさわっているのです。

楽しさを伝えることが読書への橋渡しになります

　読み聞かせでは、子どもは文字を読む負担なしに、ただただ心を躍らせて本の世界に聞き入ることができます。楽しければ、読んでもらった本を手に取るなど、本とのつきあいにつながります。私たちは、それぞれの年齢に応じて、子どもが喜びや驚き、共感で満たされる本を読むことに心を砕くだけでよいのです。子どもたちより少し経験のある読書人として、私たちが伝えることができるのは、本の楽しさです。

絵本を選ぶことが一番大切です

　読み聞かせで一番大切なことは何を選んで読むかということです。この半世紀にわたり、数多くの絵本が出版されてきましたが、子どもたちを夢中にさせ、読み手の大人も満足できる絵本は限られています。

　子どもたちをひきつけるのは、生き生きとした絵とわかりやすいことばで語られる心躍るお話です。子どもは主人公と一体となって、はらはらする冒険、自然の中での素朴な遊び、ぬくもりのある安心感、個性豊かな登場人物、心地よいことばの響きなどに夢中になります。不思議なことにいつの時代も、また、どこの地域でも、子どもが喜ぶ絵本は同じなのです。

子どもと大人では絵本の楽しみ方が違います

このガイドでは、私たちが長い間子どもたちと楽しみ、集団への読み聞かせに向くと考えた絵本304冊を紹介しています。その多くは20年、40年と長く愛読されてきた絵本です。まず、ここにあがった絵本を1冊ずつ、ていねいに読んでみてください。できるならだれかに読んでもらって、子どものように絵を見て、楽しんでください。そうすることで子どもの楽しみ方を知ることができます。というのも子どもと大人では絵本の楽しみ方が違うからです。

子どもは『おおきなかぶ』のような繰り返しが大好きです。何度も同じことが起きるからこそ、それをもう一度聞くことが、大きな喜びになるのです。主人公にぴったりくっついてお話を聞き、主人公を一心に応援している子どもにとって、絵本は心の冒険なのです。その冒険は、文章だけでなく、絵を読むことによってもっと豊かで、確かなものになります。

しかし、大人は繰り返しが退屈に感じられたり、主人公を批判的に見たり、世間的な常識にとらわれたりしがちです。また絵本から何かを学ばせようとして、教訓を見つけ出す大人もいます。絵本から子どもが受け取るものは、大人の思いも及ばないほど自由で素朴な広い世界です。

子どもといっしょに楽しむことが絵本を見る目を育ててくれます

大人の見方だけで選んでしまうと、子どもが喜ぶ絵本を見逃してしまいます。逆に言えば、子どもたちに読み聞かせをしていると、子どもからその面白さを教えてもらい、大人が失った感性に気づくことがあります。読み聞かせをすることが、絵本を見る目を育ててくれるのです。その目が育ったと思ったら、今度はあなた自身が、読み聞かせに向く絵本を探してみてください。

昔話や物語の読み聞かせも喜ばれます

30人以上の読み聞かせでは、後ろの席の子どもは絵が見えにくく、絵本の世界が遠くに感じられてしまいます。そのようなときには、絵本だけにこだわらず、昔話や物語を読んで聞かせるのも喜ばれます。絵がないと楽しめないのでは？　と心配することはありません。子どもたちは、絵がない分、ことばに聞き入り、絵本とは違った深い世界を味わうことができます。特に学年が上がると、年齢に見合った絵本が少なくなりがちなので、昔話や物語の読み聞かせをおすすめします。お話として語るのもよいでしょう。

手始めに「おはなしのろうそく」シリーズ（当館編・刊　＊本書p.87参照）から選んでみてください。実際に子どもたちに語った経験をもとに編集されているので、声に出して読みやすく、また聞き手にもわかりやすいです。もっと詳しく知りたい方には『お話のリスト』（当館編・刊）が参考になります。

本番を想定して練習をします

このガイドから読みたい絵本が見つかったら練習を始めましょう。

子どもたちに聞かせるときと同じように、声に出して読みます。絵本の文字はページのあちこちに書かれたり、下地に色がついていたり、意外に読みにくいものです。知っている絵本でも、事前に練習しておくと、本番で心にゆとりをもって子どもたちに向き合うことができます。

……いよいよ読み聞かせを始めます

準　備

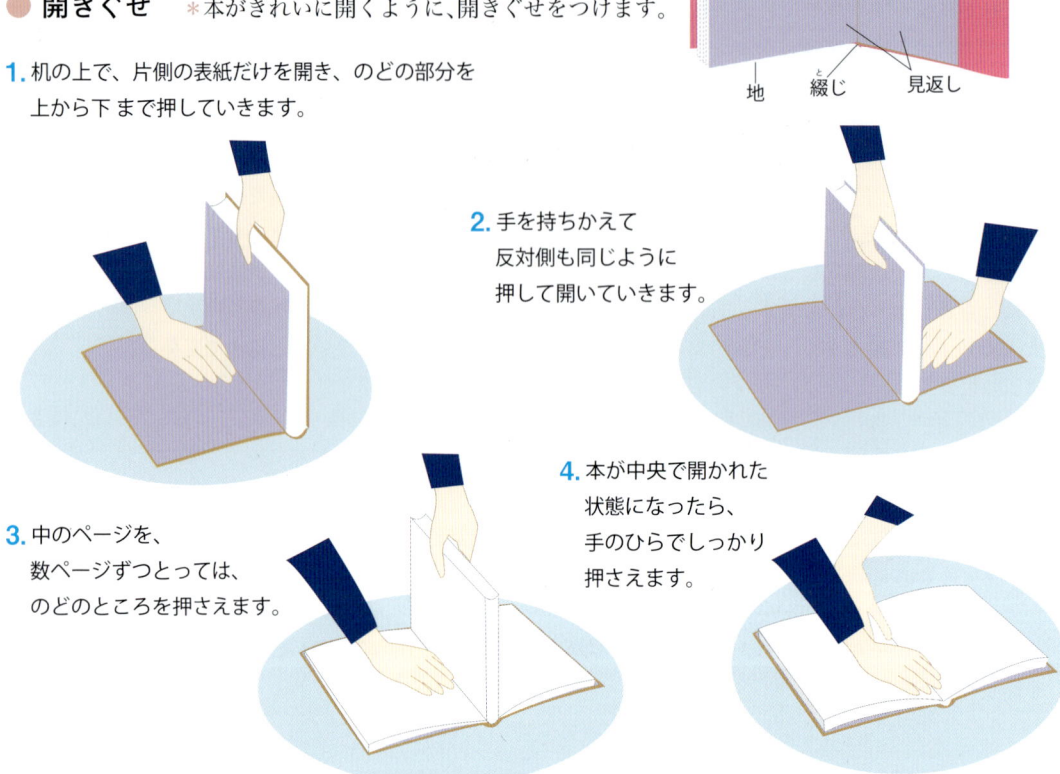

● **開きぐせ**　＊本がきれいに開くように、開きぐせをつけます。

1. 机の上で、片側の表紙だけを開き、のどの部分を上から下まで押していきます。

2. 手を持ちかえて反対側も同じように押して開いていきます。

3. 中のページを、数ページずつとっては、のどのところを押さえます。

4. 本が中央で開かれた状態になったら、手のひらでしっかり押さえます。

（図中ラベル：天　表紙　ジャケット　のど　地　綴じ　見返し）

● **身だしなみ**　＊子どもたちが主役の絵本に集中できるように、服装は落ち着いたもので、装身具も控え、長い髪は絵をさえぎらないようにまとめます。

読む前に

● **会場づくり**　＊読み手はどの子からも見える中央に位置します。
　　（図中ラベル：読み手）
　　＊本にきちんと光が当たるように、照明を確認します。
　　＊読み手を中央にして、その前に少し弧を描くようにして子どもたちを座らせます。聞き手が床に座っているときには、読み手は椅子に腰かけ、聞き手が椅子に座っているときには、立ちます。
　　＊読み手の背景にも、気の散るようなもののない落ち着いた場が望ましいです。

● **子どもの位置の確認**　＊どの子も絵本が見えるかを確認し、見えない子どもには位置を変えてもらったり、読み手が後ろへさがったりして、すべての子どもが絵本に集中し、気持ちがそろうのを待ちます。

● **あいさつ**　＊あいさつをして、自分の所属と名前を伝えます。

● 絵本の持ち方

＊絵本がぐらぐらしたり、傾いたりしないように、利き手でしっかり
　絵本の綴じの部分（中心）を持ちます。
＊絵本が右開きか、左開きかで持ち手をかえなくてかまいません。
　何より安定してしっかり持つことが大切です。

● 表紙から本文へ

＊表紙を見せて、タイトルを読み、見返しと表題紙をめくります。
＊絵本によっては、表紙や見返しから話が始まる場合や、話の背景を暗示する
　絵があることもあります。そのときは、特にていねいに見せていきます。
＊作者の名前は、読んでも読まなくてもよいでしょう。

● 読み方

＊後ろの子どもまで届く声で、しっかり、ゆっくり、はっきりと読みます。
＊ページをめくった瞬間、聞き手は新しい絵に集中するので、すぐに読まず、一瞬、間を
　おいて読みます。特に始まりはなかなか集中できないので、ゆっくり読むことを心がけ
　ます。
＊会話の部分で声音を変えるなど、演じて読むことはありません。絵本全体の流れを捉え
　て読んでいくと、緩急が自然につき、それが子どもたちがお話の世界に入る助けになり
　ます。

● めくり方

＊次のページに進むとき、スムーズにめくれるように練習しておきます。
＊初心者は、気がせいて、早々にページの端を触ってめくる準備をしたり、めくった後で
　ページを押さえるためになでたりしがちですが、聞き手の邪魔にならないことを心がけ
　ましょう。
＊だんだん経験を積むと、話の流れによってめくり方を変えることができるようになります。
　ゆっくりめくると、時間の経過を感じることができます。出来事が、クライマックスに
　向かってどんどん進む場面では素早くめくります。

● 終わり方

＊読み終わったら、裏表紙を見せて、再び表紙に戻ります。表紙と裏表紙の絵がつながっ
　ている絵本は、その絵を楽しんでから閉じ、おしまいであることを告げます。
＊お話の余韻に浸っている子どもたちに、感想を聞くことは控えましょう。子どもが思わ
　ず何か言ったり、つぶやいたりしたら、その言葉を大切に持ち帰ってください。

● 聞き手の反応

＊子どもたちの笑いを誘ったり、読み手と聞き手がやり取りをして楽しむような絵本
　があります。そういった絵本は、心を開放して大いに楽しむとよいでしょう。
＊このように目に見える反応があると、読み手はうれしくなり、また"ウケる"絵本
　を読みたいと思うかもしれません。しかしここで紹介している作品の多くは、子ど
　もたちが真剣に聞き、終わるとほっと満足の吐息をもらすような絵本です。目に見
　える反応がなくても、子どもたちの目や姿勢、息遣いから、読み手にも気持ちが伝
　わってきます。その手ごたえをしっかり受け止めてください。

● **記録** ＊終了後、記録をつけます。記録には、本の情報や読んだ順番、子どもたちの反応などを書きます。グループで記録を共有すると、今後のプログラムをたてる際に参考になります。

● **子どもが本を手にするように**

　＊読み聞かせた絵本は、子どもが読んだり、借りたりできるようにしましょう。

　＊ボランティア活動として読み聞かせをしている方は、図書館や学校の担当者とよい関係を築いて、読み聞かせに使った本を子どもたちに手渡してもらう配慮をお願いしましょう。

> 　何か問題が起きたときには、どうしたら子どもたちが読み聞かせを楽しめるだろうかという視点で考えてみると、たいていのことは解決が見えてきます。
> 　また、長く取り組むには、継続した学びと練習が不可欠です。グループで取り組む場合には、定期的に会を持って、経験と知識を共有することができます。練習や話し合いも含めて、子どもたちに絵本を読み聞かせるのは楽しいと感じるなら、あなたに読んでもらう子どもたちは幸せです。

✦ ……… 杉山きく子

このガイドの使い方

● **収録している本**

　保育園や幼稚園、小学校、図書館でのお話会など、グループへの読み聞かせにおすすめしたい絵本を集めました。

● **本の並び方**

　絵本は、成長段階にそって、以下の4つのグループに分けました。
　それぞれの対象年齢の中では、書名の50音順に並んでいます。

　　　　幼児1　　3歳前後

　　　　幼児2　　4・5歳

　　　　低学年　　小学校1・2年生

　　　　中学年〜　小学校3〜6年生

● 記載事項

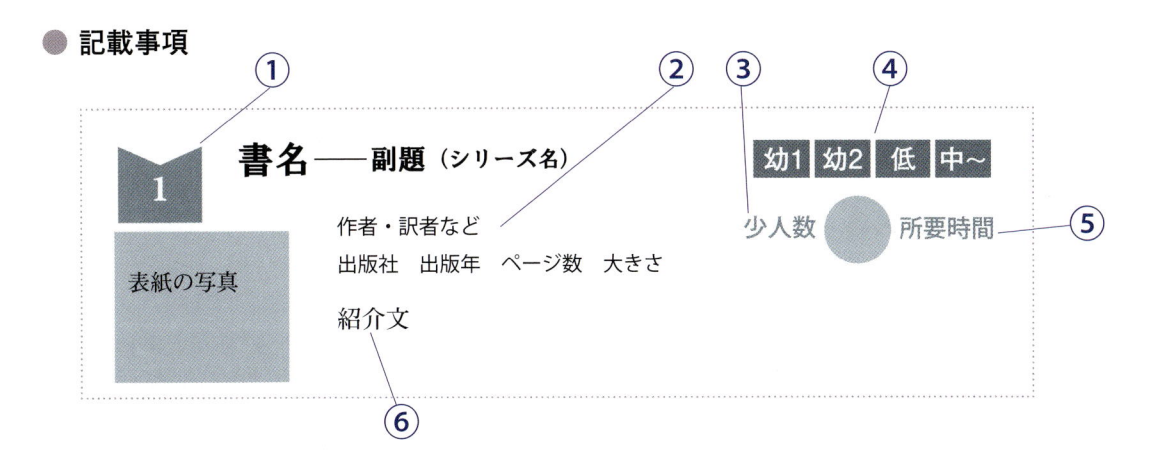

① **通し番号・ジャンル分け**　全ての絵本に通し番号をふり、ジャンルによって、4色に色分けしました。

 物語絵本

昔話や古典文学を題材にした絵本

知識絵本

詩やことばあそびの絵本

＊とくに、幼い子向けの作品では、お話風に物語る知識絵本など、ジャンルがあいまいなものもありますが、どちらかに分類しました。

② **作者・訳者など**　本に、作者、訳者などの記載が欠けている場合は、[ ]にいれて補いました。

③ **少人数向きの作品**　判型が小ぶりのものや、絵柄がこまかいものなどは、20人を超えるグループで読み聞かせるのは難しいでしょう。そのような本には、「少人数」と書きました。

④ **対象年齢**　左記の対象年齢4段階を帯状に示しました。絵本は、そのうち、いちばん低い年齢のグループに並べてあります。あなたが読み聞かせをしようと思っている年齢のグループだけでなく、前の対象年齢の絵本からも選んでください。たとえば、小学校低学年に読み聞かせるときも、幼1・幼2のグループからも本を探せます。
対象年齢は、あくまで目安で、聞き手によって変わります。

⑤ **所要時間**　読み聞かせにかかる時間の目安を示しました。ことばあそびの絵本など、通して読まなくてもよい本も、はじめから終わりまで読んだときの時間をのせています。

⑥ **紹介文**　本のあらすじや子どもの反応、読み聞かせをするときのポイントなどを書きました。
紹介文の下に、とくにおすすめしたいシリーズの続巻や姉妹編の書名をあげています。

◆**お話会プログラム例**　4つの対象年齢ごとに、6分〜22分のプログラム例を示しました。

◆**件名索引**　巻末に、キーワードから本を探せる件名索引を付けました。
絵本の内容をあらわすことば（件名）の50音順に並べています。

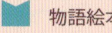

グループへの読み聞かせに向く絵本のリスト

幼児 1 …… 3歳前後

■ 物語絵本
■ 昔話や古典文学を題材にした絵本
■ 知識絵本
■ 詩やことばあそびの絵本

1 ありのぎょうれつ

幼1 幼2

 3分

得田 之久 さく　童心社
2001年　32p　21×19

巣の中から、出てきた出てきた、ありがいっぱい。行列になったありたちが、ぞろぞろぞろぞろ。一体どこへ？　身近な虫の暮らしを見たまま描く。起承転結がある話ではないので、最後の一文を特にゆっくり読み、次のページもしっかり見せてしめくくること。

・くさむらのむしたち　　・くものいえ　　　　・みのむしがとんだ

2 アンガスとあひる

幼1 幼2

 5分

マージョリー・フラック さく・え　瀬田 貞二 やく
福音館書店　1974年　32p　17×25

知りたがりのスコッチテリアの子アンガス。隣から聞こえるガーガー、ゲーック、ガー！　という音が気になり、垣根の向こう側に出ると……。あひると子犬の攻防がユーモラス。水飲み場の「静」から、あひるが反撃する「動」への切り替えを意識して読むと効果的。

・アンガスとねこ　　　・まいごのアンガス

3 うさこちゃんとうみ

幼1 幼2

3分

ディック・ブルーナ ぶん・え　いしい ももこ やく
福音館書店　1964年　25p　17×17

とうさんと海に行ったうさこちゃん。水着になって砂遊びに貝拾い。海にも入り大喜び。オランダの人気絵本。このシリーズは判型は小さめだが、くっきりした絵柄なので遠くからでも見える。文の調子を生かして明るく元気に読むとよい。

・うさこちゃんと
　どうぶつえん

・ゆきのひの
　うさこちゃん

・うさこちゃんの
　にゅういん

4 おおきくなったら──チェコのわらべうた

幼1 幼2 低

3分

ヨゼフ・ラダ え　内田 莉莎子 やく
福音館書店　1982年　24p　22×21

「のっぽとうさん　ふとっちょかあさん　にんぎょうみたいなこどもたち」。素朴なわらべうた12編。リズミカルな文章の調子を生かして快活に。いくつか選んで読んでもよい。チェコの画家によるコミカルで、のどかな世界。

5 おおきなかぶ──ロシア民話

幼1 幼2 低

5分

佐藤 忠良 画　内田 莉莎子 再話
福音館書店　1962年　27p　20×27

おじいさんが、とてつもなく大きなかぶを抜こうとするが抜けない。おばあさんを呼んでも抜けない。孫、犬、猫やねずみも加わると……。「うんとこしょ　どっこいしょ」のかけ声につられて子どもたちは口々に唱和する。素朴な力強さを大切に。

6 おかあさんのたんじょう日
『おかあさんだいすき』より

幼1 幼2

少人数　　7分

まーじょりー・ふらっく 文・絵　光吉 夏弥 訳・編
岩波書店　1954年　58p　21×17

2話収録の前半のお話。お母さんの誕生日祝いを探しに出かけたダニー。動物達に尋ねるが、よい知恵がでない。最後に熊が……。ダニーが答える「いいえ」はやや堅いので「ううん」等に変えてもよい。後半の扉ページは白紙などで隠しておくこと。

7 おしょうがつさん

幼1 幼2 低 中〜

　2分

大橋歩 え　谷川 俊太郎 ぶん
福音館書店　1990年　24p　22×21

「まつが まってる おきゃくさま どこからくるのか おしょうがつさん」。門松、おせち、お年玉、凧等、正月の風物を切り絵と短い詩で表現。韻律も心地よく、幅広い年齢に使える。

8 おだんごぱん──ロシア民話

幼1 幼2 低

　6分半

わきた かずえ　せた ていじ やく
福音館書店　1966年　24p　31×22

家の外へころころ出ていったおだんごぱん。ウサギやクマに食べられそうになるが、「おまえなんかにつかまるかい」と歌って逃げる。話の中でくり返される「ぼくは てんかのおだんごぱん……」は、自由に節をつけて歌ってもよいし、リズムをつけて唱えてもよい。

9 おひゃくしょうのやん

幼1 幼2

ディック・ブルーナ ぶん・え　まつおか きょうこ やく
福音館書店　1984年　25p　17×17

やんが花の種をまいたら、小鳥が食べにきた。怒ったやんはかかしを作る。ほぼ二頭身の愛らしいお百姓が主人公。メリハリのある展開で、結末も満足できるので、安心して使える。

3分

10 おやすみなさいのほん

幼1 幼2

4分

ジャン・シャロー え　マーガレット・ワイズ・ブラウン ぶん
いしい ももこ やく

福音館書店　1962年　32p　25×21

鳥、魚、けものたち、船、飛行機。さまざまな眠りの姿を描いた、文字通りの「おやすみなさいの本」。子守唄のようなくり返しが、快い響きを残すように、やわらかく読みましょう。ページめくりもゆっくりと。

11 かあさんねずみがおかゆをつくった
──チェコのわらべうた

幼1 幼2 低 中〜

3分

ヘレナ・ズマトリーコバー え　いで ひろこ やく

福音館書店　1984年　27p　18×25

チェコで古くから親しまれてきたわらべうた4編。はっきりした線と形の絵がコミカルで子どもたちをひきつける。プログラムのつなぎに、選んで読むのもよい。最後の「うちが いっけん あったとさ」は、年長向き。

12 かいじゅうたちのいるところ

幼1 幼2 低

5分

モーリス・センダック さく　じんぐう てるお やく

冨山房　1975年　40p　24×26

ある晩、男の子マックスは、いたずらをして寝室に放りこまれる。すると寝室に波がうちよせ……。ページいっぱい絵だけになる場面では、怪獣達の姿をたっぷり見せて。最後の一文は前のページを見せながら読むとよい。表紙と裏表紙の絵がつながっているので広げて見せよう。

13 かしこいビル

幼1 幼2 低

少人数　3分

ウィリアム・ニコルソン さく
まつおか きょうこ，よしだ しんいち やく
ペンギン社　1982年　25p　19×26

メリーはおばさんの家に招かれ、大事な持ち物を鞄につめ出発。が、お気に入りの兵隊人形かしこいビルを忘れた！　おばさんとメリーの手紙もていねいに読みたい。p.10〜p.13では「こう……」等のタイミングで鞄を指さすとよい。後半は活劇風に元気よく、だが読み急がずに。

14 ガンピーさんのふなあそび

 4分

ジョン・バーニンガム さく　みつよし なつや やく
ほるぷ出版　1976年　32p　26 × 26

ガンピーさんが舟で出かけると、子どもやウサギ、豚や子牛までが乗りたがる。行儀よくするならと乗せてやるが……。くり返しが多いので、だれないように。動物たちが巻き起こす騒動で流れが一転するので、気持ちを切りかえ、結末のお茶の時間にもっていきたい。

・ガンピーさんのドライブ

15 きいろいことり

幼1 幼2

 3分

ディック・ブルーナ ぶん・え　いしい ももこ やく
福音館書店　1964年　25p　17 × 17

黄色い小鳥がとんできたのは牧場。そこには黒い小犬がいて、小鳥を案内してくれる。ニワトリ、牛、ヒマワリ、干し草小屋……。小鳥の農場訪問記。文章の調子を生かして、ていねいに読みましょう。

16 きょうりゅう きょうりゅう

幼1 幼2

 2分半

バイロン・バートン さく・え　なかがわ ちひろ やく
徳間書店　2000年　32p　22 × 25

恐竜がいた大昔の情景を単純なことばと鮮やかな絵で再現。角のはえたトリケラトプス、しっぽにこぶのついたアンキロサウルスなど人気の恐竜を紹介。ゆったりと太古の世界へ誘ってほしい。見返しの恐竜の名前も指さしながら読むとよい。旧版は福武書店（1991年）。

17 くだもの

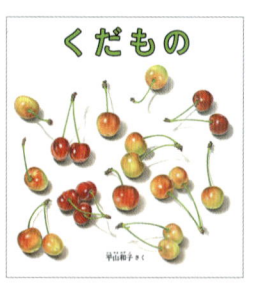

幼1 幼2

 2分

平山 和子 さく
福音館書店　1981年　24p　22 × 21

スイカ、モモ、イチゴなどの丸ごとの瑞々（みずみず）しい果物。その果物が食べるばかりに皿に盛られて、「どうぞ」とさし出される。そのくり返しに思わず果物に手を伸ばす子も。笑顔や言葉をかわしながら楽しんでほしい。

・やさい

18 ぐりとぐら

幼1 幼2 低

6分

おおむら ゆりこ え　なかがわ りえこ［文］
福音館書店　1967年　27p　19×27

森の奥で大きな卵を見つけた野ねずみのぐりとぐら。お料理すること食べることが大好きなふたりが、その卵で特大のカステラを焼くと……。p.23の2行目までは前ページを見せて読み、期待をもたせて「まあ！きいろいかすてらが」でめくると効果的。歌は楽しく、元気よく。

・ぐりとぐらの
　おきゃくさま

・ぐりとぐらの
　かいすいよく

・ぐりとぐらのえんそく

19 ぐるんぱのようちえん

幼1 幼2

7分半

堀内 誠一 え　西内 みなみ さく
福音館書店　1966年　28p　19×26

ゾウのぐるんぱは、町に働きに出されるが、作る物はビスケットも靴も超特大。どこに行ってもクビになり、しょんぼり。くり返しがどんどん増えていくのが喜ばれる。幼稚園の場面は心ゆくまで楽しみたい。表紙と裏表紙にまたがった絵を、最後に見せるとよい。

20 くろねこかあさん

幼1 幼2

3分

東 君平 さく
福音館書店　1990年　24p　22×21

黒ねこかあさんが、3びきの黒ねこと3びきの白ねこを生んだ。6ぴきが元気に育つ様子を白と黒の切り絵でユーモラスに表現。リズミカルな文章の調子を大切に。

21 こねこのねる

3分

ディック・ブルーナ ぶん・え　いしい ももこ やく
福音館書店　1968年　25p　17×17

こねこのねるが、インデアンになりたいと泣いていると、さかながインデアンの国へ連れて行ってくれる。ねるは羽のついた帽子をもらって、みんなと1日ダンスをする。こねこの冒険のお話。会話の部分は甘くなりすぎないように読みたい。

22 これはおひさま

幼1 幼2 低 中〜

2分

大橋 歩 え　谷川 俊太郎 ぶん
福音館書店　1990年　24p　22×21

「これは　おひさま」「これは　おひさまの　したの　むぎばたけ」、その麦畑でとれた小麦、……とページを繰るたびことばが積み重なってゆく詩の絵本。はっきりと元気に読みたい。早口になる必要はないがスムーズに言えるよう練習を。子どもたちと一緒に唱えても楽しい。新版はブッキングより。

23 三びきのやぎのがらがらどん
──アスビョルンセンとモーによるノルウェーの昔話

幼1 幼2 低

5分

マーシャ・ブラウン え　アスビョルンセン, モー［再話］
せた ていじ やく　福音館書店　1965年　32p　26×21

小さいの、中くらいの、大きいの、名前はどれも"がらがらどん"という3匹のヤギが、山の草場へ出かけていくと、谷川の橋の下に恐ろしいトロルがいて……。文と絵のもつ力強さを生かして、素直に読んでいくとよい。

24 たからさがし

幼1 幼2 低

6分

おおむら ゆりこ［絵］　なかがわ りえこ［文］
福音館書店　1994年　27p　19×27

宝探しにでかけたゆうじは、原っぱで"まほうのつえ"を見つけるが、ウサギのギックと取り合いに。とりっこや力くらべ、仲直りが描かれ、子どもの日常とぴったり重なるお話。文と絵のバランスがよいので、特別な工夫はせず自然に読めばよい。

25 だるまちゃんとてんぐちゃん

幼1 幼2

加古 里子さく・え
福音館書店　1967年　27p　19 × 27

少人数　6分

てんぐちゃんのうちわが欲しくなっただるまちゃん。お父さんにいろいろ出してもらうがどれも違う。でもいいことを思いついた！　うちわや履物（はきもの）がこまかく描きこまれたページは、ゆっくり見せてからめくるとよい。はなのイントネーションに注意。

26 ちいさいじどうしゃ

幼1 幼2

ロイス・レンスキー ぶん・え　わたなべ しげお やく
福音館書店　1971年　48p　18 × 18

少人数　5分

紳士のスモールさんは自慢の自動車でドライブに。雨が降ってきたと思ったらタイヤがパンク！　丸っこい体型の親しみやすい主人公が、仕事や家庭で活躍するシリーズの1冊。多色刷りもあるが、黒にアクセント1色のオリジナル版が明快で力強い。続巻も含め、絵と文のバランスがよいので、初心者でも安心して使える。

・ちいさいきかんしゃ

・ちいさいしょうぼう
　じどうしゃ

・スモールさんは
　おとうさん

・スモールさんの
　のうじょう

・カウボーイの
　スモールさん

27 ちいさなさかな

幼1 幼2

ディック・ブルーナ ぶん・え　いしい ももこ やく
福音館書店　1964年　25p　17 × 17

 3分

おなかぺこぺこの小さなさかな。あひるや白鳥たちは、女の子がくれたパンくずをくわえてる。でも、「ぼく」にくれたんじゃない。すると女の子が池に落ち……。短い話の中に山場があり、幼い子をひきつける。文章のもつリズムを大切に読みましょう。

28 ちいさなねこ

幼1 幼2

4分

横内 襄 え　石井 桃子 さく
福音館書店　1967年　27p　19×26

ちいさなねこは、お母さんねこの見ていない間に縁側から外へ。車にひかれそうになったり、大きな犬に追われたり。子ども達はこねこと一体となって、ハラハラドキドキしているので、読み手も緊張感を保ち続けること。最後はゆったり間をとって終わりたい。

29 ティッチ

幼1 幼2

3分

パット・ハッチンス さく・え　いしい ももこ やく
福音館書店　1975年　32p　26×21

ティッチは小さな男の子。兄さんと姉さんが自転車を持ってるのに自分は三輪車、兄さん達は凧を持ってるのに自分は風車。でもティッチのまいた種は……。おしまいの逆転が満足を誘う。「ピートは……メアリは……。でもティッチは……」というくり返しを生かして。

・ぶかぶかティッチ

30 てぶくろ──ウクライナ民話

幼1 幼2 低

5分

エウゲーニー・M・ラチョフ え　うちだりさこ やく
福音館書店　1965年　16p　28×22

冬の森でおじいさんが落とした片方の手袋。そこへ次々と動物たちが住みついて……。くり返しの面白さに支えられた素朴なお話。動物たちの会話には遊びのような要素もあるので、聞き手の反応に応じて早口にするなど、やりとりを楽しんでも。ただし、わざとらしい声色はさけるように。最終ページの文章は、最後の1文をのぞき、前のページを見せながら読むなどの工夫をしてもよい。

31 どうぶつ

幼1 幼2

3分

ブライアン・ワイルドスミス ぶん・え　わたなべ しげお 訳
らくだ出版　1969年　32p　22×29

今にもケンカしそうな「サイのしょうとつ」、獲物を藪からねらう「トラのまちぶせ」……。横長の大画面一杯に迫力ある構図で描かれる、18種類の野生動物。絵画を見るように楽しめる。お話会ではストーリーのしっかりした本と組み合わせて使っても。

32　どうぶつのおかあさん

幼1 幼2

3分

薮内 正幸 え　小森 厚 ぶん
福音館書店　1981年　23p　22×21

ネコ、ライオン、コアラなど、表紙絵を加えると13種類の動物のお母さんが子どもを連れ歩く様子を描く。動物たちの毛や筋肉の質感までもが伝わる絵なので、じっくり見られるよう、たっぷり間をとって読んであげたい。

・どうぶつのこどもたち

33　どうやってねるのかな （薮内正幸のどうぶつ絵本）

幼1 幼2

2分半

やぶうち まさゆき［作］
福音館書店　1987年　31p　19×19

「シマリスはどうやってねるのかな」と問いかけ、次のページで「まるくなってねます」。コウモリは？　フラミンゴは？　表紙絵を含め9種の動物の起きている姿と寝ている姿に焦点を当てた、ごく幼い子向きの図鑑。問いに合わせ、反応を見つつページをめくってほしい。

・どうやってみを
　まもるのかな

・なにのあしあとかな

・なにのこどもかな

34　なんでもパパといっしょだよ

幼1 幼2

少人数　2分

フランク・アッシュ え・ぶん　山口 文生 やく
評論社　1985年　32p　24×18

「あさおきて、うーんとおおきなのびをした。パパみたいにね」朝ごはんも着がえもパパと同じにしたクマくん。家族でつりをして……。「パパみたいにね」のくり返しと、逆転の結末が楽しい。「ママみたいにね！」に移る前は期待をもたせてページをめくりたい。

35 ねこがいっぱい

幼1 幼2

1分

グレース・スカールさく　やぶきみちこやく
福音館書店　1986年　20p　18×19

おおきいねこと、ちいさいねこ、しましまねこと、ぽちぽちねこ。いろ
いろな姿かたちのねこが登場。最後は「みんな いっしょに にゃーお」。
原書は1947年刊行だが、今もモダンなセンスを感
じさせる。ゆっくり間をとって読みましょう。

・いぬがいっぱい

36 ねずみのいえさがし（ねずみのほん1）

幼1 幼2

2分半

ヘレン・ピアスさく　まつおかきょうこやく
童話屋　1984年　18p　21×16

ねずみが家を探しています。ここがいいかな？　いや、ここは寒すぎる。
空っぽの植木鉢、ストーブのそばとあちこち探す。小型の写真絵本シリ
ーズ。簡潔でリズミカルな文章の心地よさを味わいながら読んでほしい。
「とんでもない！」のページは、ねこを指さしてやるとよい。「つづき
も読んで！」とせがまれる人気の本。

・ねずみのともだちさがし　　　・よかったねねずみさん

37 はたらくくるま

幼1 幼2

2分半

バイロン・バートン作　あかぎかずまさ訳
インターコミュニケーションズ　1999年　32p　23×26

工事現場で活躍する車と作業員たちの様子を見せる、のりもの絵本。ブ
ルドーザーで木をどける……つぎは大きい穴をほろう。リズミカルな文
章、デザイン化された力強い絵に負けないように、ゆっくり間をとりな
がら元気に読むとよい。新版はポプラ社より。

38 はなをくんくん

幼1 幼2 低

少人数 3分

マーク・サイモント え　ルース・クラウス ぶん
きじま はじめ やく
福音館書店　1967年　31p　31 × 22

雪の下で、眠っていた動物たちが目をさます。のねずみが、くまが、かたつむりが……。みんな、はなをくんくん。雪の中を走っていくと……。一輪だけ咲いた黄色い花が描かれている場面まで、言葉のリズムにのせて、徐々に気持ちを盛り上げながら読んでほしい。春先に。

39 はらぺこあおむし

幼1 幼2

 5分

エリック・カール さく　もり ひさし やく
偕成社　1976年　25p　22 × 30

日曜日の朝、葉の上の卵から、ぽん！　と生まれたあおむしは、おなかがぺっこぺこ。月曜日、りんごをひとつ、火曜日、梨をふたつ……。次々食べて蝶(ちょう)になるまでを鮮やかな色彩で描く。食べ跡が穴になるしかけが斬新(ざんしん)。聞きながら、食べるしぐさをする子もいる。

40 ふしぎなたまご

幼1 幼2

 3分

ディック・ブルーナ ぶん・え　いしい ももこ やく
福音館書店　1964年　25p　17 × 17

緑の野原に、まっ白いたまご。いったいだれのたまごでしょう。「わたしのよ」とめんどり、おんどり、ねこまでも。そのとき、たまごが「みしり」となって、あひるの赤んぼが……。子どもにお話を手渡すように、ゆっくりていねいに読みましょう。

41 ぶたたぬききつねねこ

幼1 幼2 低

3分

馬場 のぼる 著
こぐま社　1978年　39p　18 × 18

おひさま・まど・どあ・あほうどり……と続く、しりとり遊びの絵本。ことばに合わせ、思わず笑い出してしまうような絵が描かれている。子どもたちは次のことばを予想して楽しむので、ページめくりはゆっくりと。とくに、クリスマスに読むとよい。

　・ぶたたぬききつねねこ　その2
　・こぶたたんぽぽぽけっととんぼ

42 ぼくのにんじん

 幼1 幼2 〇 2分

クロケット・ジョンソンえ　ルース・クラウス さく
わたなべ しげお やく
ペンギン社　1980年　28p　21×16

ぼく、にんじんの種まいたんだ。お父さんもお母さんもお兄さんも「芽なんか出ない」っていったけど、ぼくはずっと草をとり、水をやり続けた。すると……。短い話だが、主人公の意志と期待が伝わるよう、しっかり間をとって。新訳は『にんじんのたね』（こぐま社）。

43 ほね、ほね、きょうりゅうのほね

 幼1 幼2 低 〇 3分半

バイロン・バートン 作　かけがわ やすこ 訳
ポプラ社　2017年　32p　23×26

ティラノサウルス、アパトサウルス、ステゴサウルス……恐竜の骨はないか？　化石発掘から博物館展示までを、力強い絵とリズミカルな文で描くアメリカの作品。恐竜の名前を歯切れよくいえるよう練習を。最終ページの恐竜名は指さしながら読むとよい。初版は佑学社（1992年）。

44 みんなのこもりうた

幼1 幼2 〇 3分半

なかたに ちよこ え　トルード・アルベルチ ぶん
いしい ももこ やく
福音館書店　1966年　40p　21×23

「あざらしの　こが　ねています」けれども誰も、あざらしの子にこもりうたをうたってはやりません。うさぎの子にも、らいおんの子にも。人間の赤ちゃんには？　おだやかな文章の調子によりそってゆったりと。保育園ではお昼寝の前にぴったり。

45 もこ もこもこ

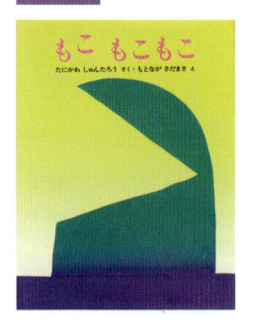

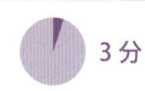 幼1 幼2 低 中～ 〇 3分

元永 定正 絵　谷川 俊太郎 作
文研出版　1977年　31p　29×23

夜明けのような「しーん」としたところに、何かが「もこ」ともりあがる。それは「もこもこ」と大きくなり、隣に何かが「にょき」。美しい色と言葉のひびきが、ふしぎな魅力をもつ。子どもの反応をうけとめ、一緒に楽しむように。見返しから話が始まるので、ジャケットはとったほうがよい。

46 もりのなか

マリー・ホール・エッツ ぶん・え　まさき るりこ やく　少人数 7分

福音館書店　1963年　39p　19×26

ぼくは紙の帽子をかぶり、新しいらっぱをもって森へ散歩にいく。すると ライオンやゾウなど、動物たちが行列してついてきた。一見地味だが、静かに深く子どもの心を捉える。ゆったりと素直に読めばよい。「ぼくのさんぽに　ついてきました」のくり返しを意識して、ていねいに。

 ・またもりへ

47 ゆかいなかえる

ジュリエット・ケペシュ ぶん・え　いしい ももこ やく　 4分

福音館書店　1964年　30p　16×24

水の中にゼリーのような卵。4つの卵からオタマジャクシがかえり4匹のかえるに。遊んだり、敵から隠れたり、夏じゅう愉快に過ごし、冬は暖かい土の中で眠る。弾むような調子の文体を生かして読んでほしい。最後の1文は静かにゆっくりと。

48 わたしのワンピース

にしまき かやこ え・ぶん　 3分

こぐま社　1969年　43p　20×22

空から落ちてきたまっ白いきれで、子うさぎはワンピースを作る。「ラララン　ロロロン　わたしに　にあうかしら」それを着て花畑へ行くとワンピースは花模様に、草原では草の実模様に。リズミカルなくり返しが楽しい。女の子がとくに喜ぶ。

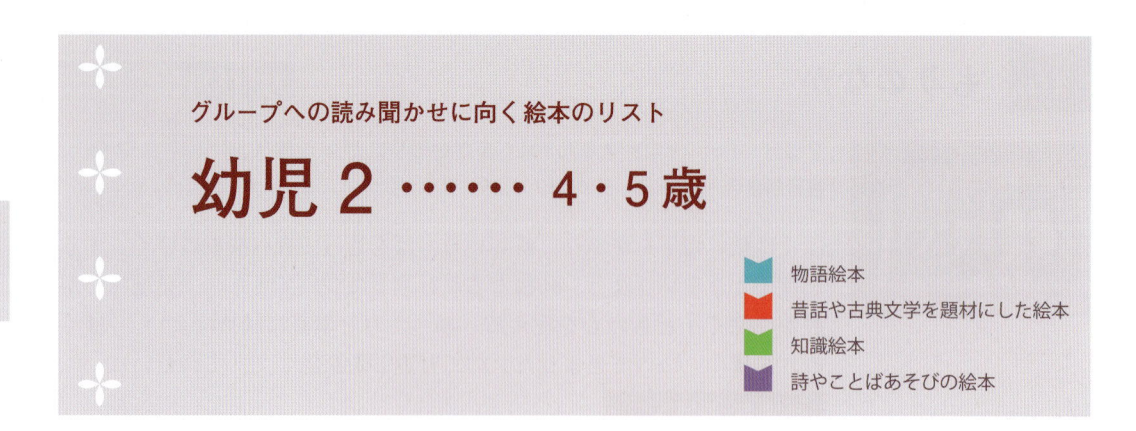

グループへの読み聞かせに向く絵本のリスト

幼児 2 ‥‥‥ 4・5歳

- 物語絵本
- 昔話や古典文学を題材にした絵本
- 知識絵本
- 詩やことばあそびの絵本

49 あおい目のこねこ

幼2 低

 10分

エゴン・マチーセン さく・え　せた ていじ やく
福音館書店　1965 年　109p　22 × 16

大きな青い目をした白い子猫が、ねずみの国を探しに出かける。魚に笑われ、黄色い目の猫たちに意地悪されるが……。主人公の楽天的な性格が出るよう快活に読もう。章ごとの「○のまき」もきちんと読んでやりたい。

50 あおくんときいろちゃん

幼2 低

 4分

レオ・レオーニ 作　藤田 圭雄 訳
至光社　1967 年　40p　21 × 21

青い丸があおくん、黄色い丸がきいろちゃん。街角でばったり会って抱き合うと、ひとりの緑の子になった。すると両方のパパとママにうちの子じゃないと言われて、青と黄色の涙が……。抽象的な形の絵がユニークな作品。甘くならないように、さっぱりと読むこと。

51 アカメアマガエル

幼2 低 中〜

2分半

ニック・ビショップ 写真　ジョイ・カウリー 文　大澤 晶 訳
富田 京一 監修　ほるぷ出版　2005 年　32p　22 × 26

熱帯の森に夜がきて、目覚めたアカメアマガエル。まっかな目をギョロギョロさせ、さあ何を食べようか。色鮮やかなクローズアップ写真に目を奪われる。子どもたちが口々に反応することが多いので、上手に受けとめてペースを保つこと。

・パンサーカメレオン

52 あたしもびょうきになりたいな！

幼2 低
5分

アリキ・ブランデンベルク え
フランツ・ブランデンベルク さく　ふくもと ゆみこ やく
偕成社　1983年　32p　24×21

病気になったエドワードが、皆にちやほやされるのをうらやましく思うエリザベス。私も病気になりたいと願うと、何日かたって……。きょうだい間の葛藤をコミカルに描き共感をよぶ。風邪のはやる季節に、うってつけ。

・おばあちゃんのたんじょうび（アリス館）

53 あなたのいえ わたしのいえ

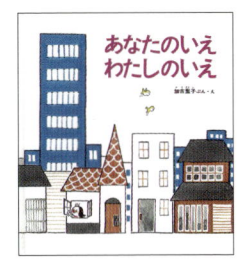

幼2 低 中～
少人数　4分半

加古 里子 ぶん・え
福音館書店　1972年　23p　26×23

雨や日射を防ぐ屋根、風をさえぎる壁、出入りするための玄関。快適に暮すために人間が重ねてきた住まいの工夫を、ひとつひとつ分かりやすく説く。長いしっかりした話の後などに、気楽に聞いてもらえる1冊。表紙と裏表紙を広げて、街並みを見せてしめくくる。

54 アンディとらいおん
──しんせつをわすれなかったおはなし

幼2 低 中～
8分

ジェームズ・ドーハーティ ぶん・え　むらおか はなこ やく
福音館書店　1961年　79p　27×20

登校中、ライオンに出くわしたアンディ。足にささったとげを抜いてやり別れるが、後日サーカスで再会。劇的に展開する話。絵と文字の配分もよく、あきさせない。章立ての扉ページもよく見せて、「第2章」というように読んでもよい。冒頭のライオンへの献辞を同様に読んでも。

55 あんな雪こんな氷

幼2 低 中～
8分

高橋 喜平 文・写真
講談社　1994年　39p　22×20

マシュマロみたいにまんまるな冠雪、ヘビのようにくねくねのびた雪ひも、でぶっちょやのっぽのつらら等々。長年、雪と氷を撮り続けてきた秋田出身の著者による美しい写真絵本。小さい字の文章は、適宜省いてもよいだろう。

56 イエペはぼうしがだいすき

幼2 低

 5分

石亀 泰郎 写真　文化出版局編集部 文
文化出版局　1978年　40p　23×22

デンマークの3歳の男の子イエペは帽子が大好き。
保育園の庭で遊ぶときも、お弁当の時間もぬがない。
日本の写真家による出色の写真絵本。文字と写真の
配分もよく、素直に読めば自然な共感が得られる。
小さい文字は読まなくてもよい。

・イエペさんぽにいく

57 いたずらきかんしゃちゅうちゅう

幼2 低

 12分

バージニア・リー・バートン ぶん・え　むらおか はなこ やく
福音館書店　1961年　45p　31×23

小さな機関車ちゅうちゅうは、重い客車をはずして逃げだした。信号
も踏切も無視して走ったが……。画面いっぱいの木炭画がダイナミック。
平仮名ばかりなので、つっかえてスピード感をそこなわないように練習
を。時間があれば見返しを見せてもよい。

58 いっすんぼうし

幼2 低 中〜

 11分

あきの ふくえ　いしい ももこ ぶん
福音館書店　1965年　40p　21×22

親指ほどの一寸法師が鬼を退治する、有名な日本の昔話。美しい文章と
あでやかな絵が調和し、気品漂う絵巻を見ているよう。昔話らしくゆっ
くりしたテンポで始め、鬼との対決は勢いよく読みたい。最後に、表紙
と裏表紙の絵を楽しんで。

59 うちゅうひこうしになりたいな

幼2 低

 1分半

バイロン・バートン作　ふじた ちえ 訳
ポプラ社　2018年　32p　23×26

スペースシャトルに乗って飛んでいくんだ。逆立ちで宇宙食を食べ、人
工衛星の故障を直し、宇宙基地の組み立ても。宇宙飛行士への憧れとと
もに、その仕事を描く。宇宙の広がりをイメージしながら快活に読もう。
初版は佑学社（1993年）。

幼児2

60 エミールくんがんばる

幼2 低　少人数　4分

トミー・ウンゲラー 作　今江 祥智 訳
文化出版局　1975年　32p　28×21

サメにおそわれたサモファ船長を助けたタコのエミールは、船長の家でくらすことに。八本足を使って悪者も捕まえ大活躍。しゃれたタッチの絵は遠目がきかないので、少なめの人数にむけて、よく見えるように。

・へびのクリクター

61 おおかみと七ひきのこやぎ——グリム童話

幼2 低　8分

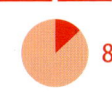

フェリクス・ホフマン え　グリム［再話］
せた ていじ やく
福音館書店　1967年　32p　22×30

オオカミがお母さんのふりをしてやってきて、留守番していた子ヤギ達を食べようとする、有名な話。かわいらしいというイメージをもっている人もいるが、幼い子どもにはこわい話。落ち着いた調子で緊迫感をもって読むとよい。最後のページも、しっかり見せること。

62 おさるとぼうしうり

幼2 低 中〜　少人数　8分

エズフィール・スロボドキーナ さく・え
まつおか きょうこ やく
福音館書店　1970年　43p　22×17

帽子を頭に積みあげて売り歩く帽子売り。木の下で昼寝をし、目をさますと帽子がない！　なんと犯人は木の上のサル。サルたちのしぐさが笑いをさそう人気の本。とぼけたおかしさが伝わるように。「ツー、ツー、ツー」は、いろいろな言い方をして楽しんでもよい。

63 おちゃのじかんにきたとら

幼2　6分

ジュディス・カー文・絵　晴海 耕平 訳
童話館　1993年　32p　26×19

ソフィーとおかあさんがお茶にしようとすると、とらがお客に。はらぺこのとらは、サンドイッチや缶詰をたいらげ、水道水まで飲みほし……。日常の中のほら話。やさしい雰囲気の絵本なので、大げさにならないように。

64 おとなしいめんどり

 幼2 低 中〜

少人数 6分

ポール・ガルドン 作　谷川 俊太郎 訳
童話館　1994年　40p　20×19

昔々、めんどりがぐうたらな猫と犬とねずみと住んでいた。家事をするのはめんどりだけで、だれも手伝ってくれない。でも、お菓子を焼くと……。昔話風のユーモラスな話。「いやだね」等のくり返しを生かして軽快に。初版は瑞木書房（1980年）。

65 おふろだいすき

 幼2 低

 12分

林 明子 絵　松岡 享子 作
福音館書店　1982年　40p　26×27

ぼくがおもちゃのアヒルとお風呂にはいっていると、湯船から大きなカメが。続いて双子のペンギンにオットセイ……。湯気のようにふわっと広がる空想の世界。登場人物の性格が、会話からさりげなく伝わるように。最後に表紙と裏表紙の絵も見せて。

66 おまたせクッキー

 幼2 低

少人数 5分

パット・ハッチンス さく　乾 侑美子 やく
偕成社　1987年　24p　21×26

お母さんの焼いたクッキーをきょうだい2人で分けていると、「ピンポーン」、ベルがなり、友だちが2人。4人で食べようとすると、またベルが。くり返しが面白く、展開も予想できるので幅広い子に喜ばれる。おばあちゃんがならす「ピンポーン」は十分、間をとって。

67 かえるのいえさがし

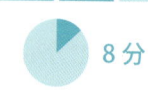 幼2 低

8分

中谷 千代子 え　石井 桃子，川野 雅代 さく
福音館書店　1968年　27p　27×20

夏の間、田んぼで楽しく暮らしていたかえるの親子。秋になり、冬ごもりの穴を探しに出かけるが……。大きな起伏はないが、どこかユーモラスで、温もりを感じさせる。その味わいを生かして。晩秋に読みたくなる1冊。

68 かえるのつなひき

 幼2 低 中〜

6分

儀間 比呂志 さく・え
福音館書店　1998年　27p　20 × 27

田んぼに虫がわき、稲を焼き払うよう王さまが命令。食い物がなくなっ
たら、人間は俺達を取って食う、と恐れたかえる達は……。沖縄の木版
画家による創作民話。話に力があるので、方言の発音にとらわれず読ん
でほしい。注のついた方言は、すぐ後に意味を言い添えても。

69 かさじぞう —— 日本の昔話

 幼2 低 中〜

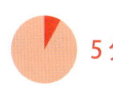 5分

赤羽 末吉 画　瀬田 貞二 再話
福音館書店　1966年　19p　27 × 19

貧乏なじいさんが、大晦日、笠を売りにいったが、ひとつも売れない。
吹雪の中を帰ると、六地蔵が雪をかぶって立っている。不憫に思ったじ
いさん、その頭に売り物の笠をかぶせた。飾らず、素直に読めばよい。「よ
いさな」のかけ声は力強く、抑揚をつけて。

70 かさどろぼう

 幼2 低 中〜

 8分

シビル・ウェッタシンハ さく　いのくま ようこ やく
徳間書店　2007年　24p　31 × 22

キリ・ママおじさんは町で傘を買うが、帰る途中で傘は消えてしまう。
何度買っても同じこと。犯人は？　大らかでのんびりした味のスリラン
カ絵本。最終ページの「だれだったでしょう」までは、前のページを見
せながら読む方が効果的。初版は福武書店（1986年）。

71 かぞえうたのほん —— すうじさがしかぞえうた

 幼2 低 中〜

5分

スズキ コージ え　岸田 衿子 作
福音館書店　1990年　32p　29 × 22

"いちばでいぬが　にわとりにらんだ"という「すうじさがしかぞえう
た」ほか、ナンセンスな創作かぞえ唄を6編収載。絵は唄によって、油絵、
切り絵と、手法を変えている。おまけとして選んで読んでもよい。

72 かにむかし ── 日本むかしばなし

幼2 低 中〜 11分

清水崑 絵　木下順二 文
岩波書店　1976年　44p　33×26

「さるかに合戦」の再話絵本。方言を生かした独特の語り口で、くり返しが耳に快い。サルが仕返しにあう場面を見開きで描いているので、次ページの文章をあらかじめ手もとに用意しておいて読むなどの工夫もできる。小型本もあるが、できれば大型で。

73 かぶとむしはどこ？

幼2 低 7分

松岡達英 さく
福音館書店　1990年　28p　26×24

幼い子にもわかるように、カブトムシの生態を描いた科学絵本。幼虫の"変態"、成虫のえさ場での戦いなどを迫力のある絵で描く。p.10〜p.13のコマ絵は、指でさしながら、事前に考えておいた短い言葉で説明するとよい。縦開き3場面はスムーズに持ち替えること。

74 かまきりのちょん

幼2 低 3分

得田之久 さく・え
福音館書店　1998年　27p　20×27

朝、つゆくさの間から出てきたカマキリのちょん。ミノムシにぶら下がったり、トノサマバッタを食べたり。ちょんの1日を明快な絵でお話風に語り、虫が苦手な子も楽しめる。アリの群れに落ちる場面では、しばらく間をおいてから次ページの1行目を読むとよい。「きっとねむくなったんだ」でしっかり締めくくって。

75 かもさんおとおり

幼2 低 中〜 14分

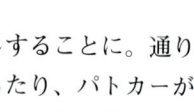

ロバート・マックロスキー ぶん・え　わたなべ しげお やく
福音館書店　1965年　64p　31×23

カモさん夫婦は8羽の子ガモを育て、公園にお引越しすることに。通りを堂々と行進するカモ達のため、交差点は車が止まったり、パトカーが来たり、大騒ぎ。子ガモの名前は歯切れよく、リズミカルに。巻末の地図は聞き手に合わせて適宜見せてもよい。

76　きかんしゃやえもん

幼2　低

10分

岡部 冬彦 絵　阿川 弘之 文
岩波書店　1959 年　46p　21 × 17

年とった蒸気機関車のやえもん。電気機関車にバカにされ、怒って火の粉を吹き出し、いなむらに火をつけてしまう。50 年以上前の作品だが、今の子も、やえもんの運命に心を寄せる。「しゃっ しゃっ」「ぷっすん」などの擬音（ぎおん）は、登場人物の個性が生きるように十分練習して。

77　きつねとねずみ

幼2　低

2分

山田 三郎 え　ビアンキ さく　内田 莉莎子 やく
福音館書店　1967 年　19p　26 × 19

ねずみを捕まえようと、きつねは待ち伏せしたり、穴を掘ったり。でも賢いねずみにしてやられる。短いながらドラマに富んだお語。2 匹の会話で進むので、間をとってどちらが話しているか、わかるように工夫する。

78　きつねのホイティ

幼2　低　中〜

12分

シビル・ウェッタシンハ さく　まつおか きょうこ やく
福音館書店　1994 年　44p　31 × 23

食いしん坊ぎつねのホイティは、人間の着物を着て、3 人のおかみさんたちに夕食をねだる。表題紙をよく見せ、次ページのホイティの紹介で絵を示すとよい。p.8 〜 p.9 は順番に気をつけて指さす。歌はメロディをつけても、調子よく読むだけでもよい。

79　くいしんぼうのはなこさん

幼2　低　中〜

13分

なかたに ちよこ え　いしい ももこ ぶん
福音館書店　1965 年　35p　21 × 24

子牛のはなこは、放牧場で子牛たちを負かし、女王になって、いばり放題。ある日たくさんのおイモとカボチャを 1 人で食べてしまう。すると翌朝アドバルーンのように体がふくれ……。はなこのわがままぶりを誇張しないこと。最後の一文はお説教くさくならないように。

80 くまのコールテンくん

幼2 低

8分

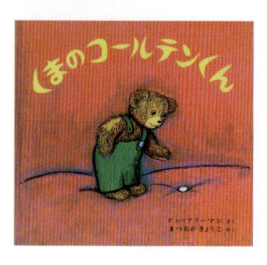

ドン・フリーマン さく　まつおか きょうこ やく
偕成社　1975年　30p　23×25

コールテンくんは、デパートで売られているクマのぬいぐるみ。女の子が欲しがるが、ズボンのボタンが取れていて買ってもらえない。そこでコールテンくんは閉店後……。p.16の1行目を前ページで読み、「すると、ポーン！……」でめくると、絵と文がぴったりあう。

81 くまのビーディーくん

幼2 低

7分

ドン・フリーマン さく　まつおか きょうこ やく
偕成社　1976年　46p　19×25

ビーディーくんは、セイヤーくんのおもちゃのクマ。ある日、クマは洞穴に住んでいることを本で知り、書きおきをして丘の洞穴に出かける。2人の温かい友情が共感を呼ぶ。絵の中にある「どうぶつあいうえお」や書きおきの字もていねいに読みたい。

82 クリスマスのうさぎさん

幼2 低

8分

ウィルとニコラス さく・え　わたなべ しげお やく
福音館書店　1985年　48p　28×22

明日はクリスマス。森に行った男の子デービーは動物達のパーティに誘われ、サンタクロースからかわいい子ウサギをもらう。翌朝デービーがツリーの下に見たものは？　心躍る出来事を、緑や赤を基調とした明るく幻想的な絵で描く。軽快な展開にのって飾らずに読みましょう。

83 クリスマスのまえのばん

幼2 低 中〜

6分

ウィリアム・W・デンスロウ え　クレメント・C・ムーア ぶん
わたなべ しげお やく
福音館書店　1996年　55p　29×23

誰もが寝静まったクリスマス前夜。父さんが窓から見たのは、トナカイが引く小さなそり。御者（ぎょしゃ）は元気な小人のおじいさん。1822年に書かれた物語詩と鮮やかで楽しい絵が、秘密に満ちた心躍るクリスマス前夜をうたう。トナカイの名前を軽快に読めるように練習を。

84 くわずにょうぼう

 幼2 低 中〜

 7分半

赤羽 末吉 画　稲田 和子 再話
福音館書店　1980年　32p　27×20

昔、欲張りな男がいた。働き者で、飯をくわない女を女房にした。が、実は女は鬼婆（おにばば）で、男をくおうとした。端午の節句に菖蒲（しょうぶ）とヨモギを用いる起源を語る日本の昔話。p.28〜p.29の絵は、ゆっくり見せてあげるとよい。

85 げんきなマドレーヌ

幼2 低

 6分

ルドウィッヒ・ベーメルマンス 作・画　瀬田 貞二 訳
福音館書店　1972年　47p　31×23

パリの小さな寄宿学校に、12人の女の子が修道女の先生と住んでいた。1番おちびさんのマドレーヌはいつも元気で怖いものなし。だが、ある夜、わーわー泣きだした。お話の舞台となるパリが美しく描かれている。前半はゆっくりと、後半は緩急（かんきゅう）をつけて。

・マドレーヌといぬ

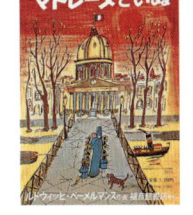

86 こいぬがうまれるよ

幼2 低 中〜

6分

ジェローム・ウェクスラー 写真　ジョアンナ・コール 文
つぼい いくみ 訳
福音館書店　1982年　40p　26×21

お隣の犬に赤ちゃんが生まれる。子犬の誕生の瞬間から、目が開き、2ヵ月後、女の子に引き取られるまでを、モノクロ写真で追う。袋に入って生まれる様子、得意げに歩き出す場面など子どもをひきつける。女の子の一人称だが甘くならないように。

87 こっぷ

幼2 低 中〜

2分半

今村 昌昭 写真　谷川 俊太郎 文　日下 弘 AD
福音館書店　1976年　24p　26×24

「こっぷはみずをつかまえる」で水の入ったガラスのコップ。「はんにんもつかまえる」は指紋のついたコップ。光ったり割れたり果物を入れたり、様々なコップを写真と詩的な文章で語る。毎日見慣れたコップに新鮮な驚きを感じる。しっかりしたお話と組みあわせて。

88　ゴナンとかいぶつ──モンゴルの昔話より

幼2 低 中〜

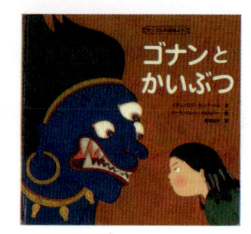

バーサンスレン・ボロルマー 絵
イチンノロブ・ガンバートル 文　津田 紀子 訳
偕成社　2013年　32p　24×26

少人数 🔴 8分

モンゴルの草原に住む男の子ゴナンは途方（とほう）もない力持ち。村を襲った3つ頭の怪物マンガスを退治しようと白い馬で出かける。弓比べ、駆け比べ、相撲で勝負するが……。モンゴルの子に親しまれる勇壮な英雄叙事詩。マンガスの弱点の黒いあざは、指でさすとよい。

89　こぶじいさま──日本民話

幼2 低 中〜

赤羽 末吉 画　松居 直 再話
福音館書店　1980年　27p　19×27

🔴 6分

額に大きなこぶのあるじいさまが、山で木を切っていて夜になった。山のお堂で寝ていると、夜中に鬼どもがやってきて、踊り出した。おなじみの「こぶとり」の昔話。鬼の歌は、歯切れよく、リズミカルに読みたい。

90　こぶたのおるすばん

幼2 低 中〜

メアリー・レイナー さく・え　おかもと はまえ やく
偕成社　1979年　32p　27×21

🔵 8分

ピッグさん一家は子どもが10人。ある夜、両親が外出するので、留守番を頼む。やって来たウルフと名乗るおばさんは……。一気に高まるサスペンスは子ブタの活躍で大団円へ。最後に表紙と裏表紙を見せるとよい。別訳に『オオカミと10ぴきの子ブタ』（評論社）も。

91　さよならさんかく

幼2 低 中〜

安野 光雅 著
講談社　1981年　28p　26×23

少人数 🟣 3分

「さよならさんかく　またきてしかく　しかくはとうふ　とうふはしろい……」しりとりのように続くわらべ唄。最後のページをひっくり返すとまた始まりに戻ってくる。全国で親しまれた唄を懐かしい絵とともに手渡したい。お話会のおしまいの1冊として読んでもよい。

92 サリーのこけももつみ

幼2 低

ロバート・マックロスキー 文・絵　石井 桃子 訳
岩波書店　1986年　55p　23 × 29

11分

小さな女の子サリーはお母さんと山へ。反対側にはクマの親子。どちら
も冬に備えてコケモモを夢中で摘むうち、いつの間にか人間とクマの子
どもが入れ替わり……。力強い絵とていねいな展開は予想以上に子ども
に喜ばれる。

93 三びきのくま

幼2 低

ウラジミル・レーベデフ え　レフ・トルストイ さく
うちだ りさこ やく
偕成社　1989年　24p　22 × 28

6分半

ロシアの昔話。森で迷子になった女の子は、一軒の家に入り込む。そこ
は大きなお父さんと中くらいのお母さんと小さな坊やのクマの家。帰っ
てきたクマたちが見たのは……。ミハイル＝イワーノビッチなどのクマ
の名前を子どもたちはおもしろがるので、なめらかに言えるように。

94 しずかなおはなし

幼2 低 中～

ウラジミル・レーベデフ え　サムイル・マルシャーク ぶん
うちだ りさこ やく
福音館書店　1963年　12p　28 × 23

4分

夜の森へ散歩に出たハリネズミの親子は、2匹のオオカミに気づき、針
を逆立て丸くなって身を守る。オオカミは、かみつけず辺りをうろうろ。
そのとき遠くで銃声が……。並んで歩くオオカミの場面は静かにゆっく
りと味わいたい。

95 しずくのぼうけん

幼2 低 中～

ボフダン・ブテンコ え　マリア・テルリコフスカ さく
うちだ りさこ やく
福音館書店　1969年　24p　21 × 24

7分

バケツから飛び出した水のしずくが、ひとりぼっちで長い旅に出た。ほ
こりで汚れて病院へ行き、日に照らされ、空に昇って雨になり、凍ると
きには岩を割り……。様々に変化するしずくを愉快な冒険に仕立てた絵
本。場面が次々うつるので読み急がないように。

96 しーっ！ぼうやがおひるねしているの

 幼2 低 中〜

ホリー・ミード絵　ミンフォン・ホ作　安井清子訳
偕成社　1998年　32p　27×23

少人数 6分

ハンモックに揺られお昼寝する坊や。母親は、その眠りを妨げないように、ヤモリや黒ネコ、灰色ネズミなど動物たちに「しずかにしてね」と頼んでまわる。でも坊やは……。南アジアのゆったりした空気を感じながら読みたい。

97 しっぽのはたらき

 幼2 低

薮内 正幸 え　川田 健 ぶん　今泉 吉典 監修
福音館書店　1972年　24p　26×24

 6分

くもざるは長いしっぽで果物をもぐ。りすのしっぽはパラシュートの役目。11種の動物の尾の役割を、細密な絵と共に、問いと答えで紹介する。必要に応じて、しっぽを指さしてもよい。先に、次の動物を当てようとする子がいるときは、上手におさえること。

98 11ぴきのねこ

 幼2 低

馬場 のぼる 著
こぐま社　1967年　39p　27×19

 7分

11匹ののらねこはいつもおなかがぺこぺこ。湖に怪物みたいな大きな魚がいると聞き、出かけるが……。画面いっぱいに動き回るねこ達の姿がユーモラス。「ニャゴニャゴ」等の擬音やテンポよい語りに任せ、楽しんで読んでほしい。「まっくらやみになりました」と、「よがあけました」の後は、それぞれ間をとってからページをめくるとよい。

・11ぴきのねこと
　あほうどり

・11ぴきのねこと
　ぶた

・11ぴきのねこ
　ふくろのなか

・11ぴきのねこと
　へんなねこ

・11ぴきのねこ
　どろんこ

99 十二支のお節料理

 幼2 低 中〜

3分半

川端 誠 作
BL出版　1999年　31p　27×21

ねずみは掃除と餅つき、うしは野菜運び、とらは珍味を集めるなど、十二支の動物が仕事を分担、正月の準備をする。厳かで晴れやかな正月の朝の雰囲気を伝える絵本。文字のないページはゆっくりめくり時間の経過を伝え、皆が集う場面で「明けましておめでとうございます」と、加えてもよい。

100 しょうぼうじどうしゃじぷた

 幼2 低

7分

山本 忠敬 え　渡辺 茂男 さく
福音館書店　1966年　27p　19×27

じぷたは、古いジープを改良したちびっこ消防車。はしご車や高圧車、救急車にばかにされ、悲しい思いをしていた。ある日、山小屋が火事になり、出動のチャンスが……。臨場感が伝わるようにキビキビと読みたい。

101 しろいうさぎとくろいうさぎ

 幼2 低 中〜

6分

ガース・ウイリアムズ ぶん・え　まつおかきょうこ やく
福音館書店　1965年　30p　31×23

森に住む2匹のうさぎはいつも仲良く遊んでいたが、時々、黒いうさぎが悲しそうな顔に。心配する白いうさぎに「ぼく、ちょっとかんがえてたんだ」。墨絵のような背景に表情豊かなうさぎの姿が生きる。かわいらしくなりすぎないように心がけて。

102 しんせつなともだち

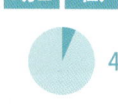 幼2 低

4分

村山 知義 画　方 軼羣 作　君島 久子 訳
福音館書店　1987年　27p　19×27

雪の朝、子ウサギはカブを2つ見つける。そこで1つはロバに持っていくが、ロバは留守。置いて帰ったカブを見つけたロバはカブをやぎに……。単純なくり返しで、幼い子も先を予想したり、期待したりしつつ、話に引きこまれる。最後の文章はおわりという意識をもって読むこと。

103 すてきな三にんぐみ

幼2 低 中〜

トミー・アンゲラー さく　いまえ よしとも やく
偕成社　1969年　38p　30×22

こわーい泥棒3人組。奪った財宝ざっくざく。ある晩、襲った馬車で見つけた、孤児の女の子を連れて隠れ家へ。財宝を見たその子が「これどうするの」。3人組の名案とは？　おどしの道具は一つひとつ指さして。活劇風のテンポのよい調子にのせて読んでほしい。

5分

104 せんたくかあちゃん

幼2 低

さとう わきこ 作
福音館書店　1982年　32p　20×27

洗濯が大の大の大好きな母ちゃん。服だけでなく、猫、犬、子ども達……家中のものを洗って干してしまう。そこへ雷さまが落ちてきて。奇想天外なお話と漫画風の絵で、絵本に慣れていない子にも親しみやすい。母ちゃんのたくましさが伝わるよう元気に。

7分

105 そらいろのたね

幼2 低

おおむら ゆりこ 絵　なかがわ りえこ 文
福音館書店　1967年　27p　19×27

ゆうじがきつねと取りかえた空色の種。まくと空色の家がはえてきた。家は大きくなり、子どもや動物が入れるほどに。そこにきつねが……。幼い子の空想のままに進む作品。家がどんどんふくらむ様子を身を乗り出すようにして聞く。ぐりとぐらを見つけて喜ぶ子も。

6分

106 だいくとおにろく

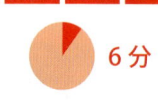
幼2 低 中〜

赤羽 末吉 画　松居 直 再話
福音館書店　1967年　27p　20×27

大工のかわりに橋をかけた鬼はひきかえに目玉をよこせと要求。たじろぐ大工に、鬼は自分の名前を当てれば許すという日本の昔話。鬼の子守唄はわらべ唄風に節をつけるとよい。大工と鬼の会話は十分間をとって。

6分

107 ターちゃんとペリカン

幼2 低 中〜

7分

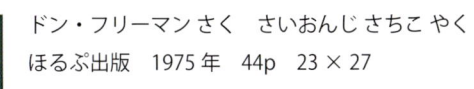

ドン・フリーマン さく　さいおんじ さちこ やく
ほるぷ出版　1975年　44p　23 × 27

夏休み、両親と海に来たターちゃんを、去年会ったペリカンが迎える。ターちゃんは釣りを始めるが長靴が流され……。男の子とペリカンの交流を描いた作品。地味だが、子どもは驚くほど集中して聞く。長靴が見つかる場面は、前ページで十分に間（ま）をとってからめくると効果的。

108 ダチョウのくびはなぜながい？
── アフリカのむかしばなし

幼2 低 中〜

8分

マーシャ・ブラウン 絵　ヴァーナ・アーダマ 文
まつおか きょうこ 訳　冨山房　1996年　31p　29 × 23

動物の由来を説くケニアの昔話。ずーっとむかしダチョウは首が短かった。ある時ワニに虫歯を抜いてくれと頼まれ、ワニの口に頭を突っ込むと……。豪快な筆遣いで描かれた、ユーモラスな話。こわがったり、おもしろがったり、年齢により、反応はさまざま。

109 たんぽぽ

幼2 低 中〜

5分

平山 和子 ぶん・え　北村 四郎 監修
福音館書店　1976年　23p　26 × 23

冬の間、葉を寝かせていたタンポポが、春に新しい葉を出して立ち上がり、花を咲かせ、綿毛を飛ばして根付くまで。長い根の様子を4ページにわたって見せる場面では、本の向きが変わるので注意。p.12 〜 p.13は文にあわせてタンポポを指さすとよい。

110 ちいさなたいこ

幼2 低 中〜

8分半

秋野 不矩 え　松岡 享子 さく
福音館書店　1988年　32p　20 × 27

心優しい老夫婦の畑に見事なかぼちゃができた。すると夜、畑から祭ばやしの音が……。かぼちゃの中をのぞくと、小さな人たちが踊っていた。昔話風の味わいの創作。温かな雰囲気の内容に合うように、ゆったりと読んでほしい。最後は余韻（よいん）を大切に。

111 どうながのプレッツェル

幼2 低 中〜

H・A・レイ え　マーグレット・レイ ぶん
わたなべ しげお やく

福音館書店　1978年　32p　26×20

6分

プレッツェルは、賞をもらうほどとびきり胴長のダックスフント。ただ、想いを寄せる雌犬グレタだけは知らん顔、プロポーズにも胴長は嫌いというばかり。だがある日……。絵はコミカルで、幅広い年齢に使える。とくに5月におすすめ。

112 どうぶつ、いちばんはだあれ？

幼2 低 中〜

スティーブ・ジェンキンス さく　佐藤 見果夢 やく

評論社　1998年　32p　21×26

3分半

体の大きさにくらべていちばん力もちなのはアリ。いちばん足がはやいのはチーター。大きさ、速さ、強さなど、動物のいろいろな"いちばん"を14種紹介。紙の質感を生かした貼り絵が美しい。小さい文字の解説は、聞き手の興味にあわせて、適宜(てきぎ)読んでやるとよい。

113 とべ、カエル、とべ！

幼2 低

バイロン・バートン え　ロバート・カラン ぶん
松川 真弓 やく

評論社　1988年　32p　21×26

4分

カエルは池から飛び上がったトンボをねらう。"とべ、カエル、とべ！"だが今度は、カエルが魚にねらわれて再び"とべ、カエル、とべ！"カエルに危険がせまるたびにくり返される掛(か)け声を、子ども達も一緒に唱えてくれるはず。

114 どろんこハリー

幼2 低

5分半

マーガレット・ブロイ・グレアム え　ジーン・ジオン ぶん
わたなべ しげお やく
福音館書店　1964年　32p　31 × 22

黒いぶちのある白い犬ハリーは、お風呂が大嫌い。ある日、湯船にお湯を入れる音を聞いて家から逃げ出して……。幼い子にも分かるユーモアとスリルに満ちた話。表紙から物語が始まっているのできちんと見せてやること。題名は、表紙だけ読めばよい。ハリーの位置がわかりにくいときや、見開きにハリーが複数描かれているところは指で示して。続巻は季節に合わせて楽しめる。

・うみべのハリー 　　・ハリーのセーター

115 どんぶらどんぶら七福神

幼2 低 中〜

2分

柳原 良平 画　みき つきみ 文
こぐま社　2011年　24p　21 × 23

どんぶらどんぶら、宝船に乗り七福神がやってきた。「ひとつ ひときわ えがおの 恵比寿さま」「ふたつ ふっくり ほっこり 大黒天」……と語呂のいい数え歌が続く。大らかで愉快な神様たちの姿を楽しみたい。1月のお話会に、しっかりした本と組みあわせても。

116 ナップとウインクル
── みつけたほねはだれのもの

幼2 低 中〜

8分半

ウィルとニコラス さく　河津 千代 やく
アリス館牧新社　1976年　32p　28 × 22

掘り出した1本の骨をめぐって2匹の犬が、「ぼくがさきにみつけたんだ」「ぼくがさきにさわったんだ」と争い出す。お百姓、ヤギ等に判定を頼むが……。季節を問わず使える楽しい話。題名は表紙だけ読めばよい。新訳『みつけたものとさわったもの』（童話館出版）。

117 二ひきのこぐま

幼2 低 中〜

7分

イーラ 作　松岡 享子 訳
こぐま社　1990年　33p　29×23

春を待ちかねて、穴からとび出した2ひきのこぐま。夢中で遊ぶうち、母ぐまのいいつけを忘れて迷子に。物語にぴったり合った白黒の写真で構成され、聞き手を強くひきつける。8コマに写真が分かれている場面は、文章と合うように、さりげなく示してやるとよい。

118 二ほんのかきのき

幼2 低 中〜

6分半

熊谷 元一 さく・え
福音館書店　1968年　27p　27×20

けんちゃんの家にある甘柿と渋柿の2本の木。1月、幹に傷をつけ、お粥を塗り豊作を願う。夏、落ちた青い実で工作。柿の木をめぐる1年を素朴に描いた知識絵本。古めかしく感じるかもしれないが、柿は身近な果物なので、意外なほど子どもの興味をひく。

119 にわのわに

幼2 低

4分

多田 ヒロシ 著
こぐま社　1985年　39p　18×18

「よきつきよ」「しかたなししなたかし」など回文を集めた絵本。とぼけた味の絵が愉快。文字に指をそわせて、前から読んでも、後ろから読んでも同じであることを示すとよい。反応がよい子がいるとグループ全体がもりあがる。選んで読んでやれば時間調整にも使える。

120 ねこのくにのおきゃくさま

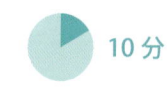

幼2 低 中〜

10分

シビル・ウェッタシンハ さく　まつおか きょうこ やく
福音館書店　1996年　36p　26×27

ねこの国にやって来た、不思議なふたりのお客。お面をかぶったまま、歌ったり踊ったり。すっかり人気者になるが……。お客の正体がだれか、が子どもをひきつける。中に結末を知っている子がいても、あわてずに。最後の字のないページもしっかり見せましょう。

121 のろまなローラー

山本 忠敬 え　小出 正吾 さく
福音館書店　1967年　27p　19×27

でこぼこ道を平らにしながら、ゆっくり進むローラー車。乗用車やトラックが追い越して行くが、どの車も山道でパンク。そこでローラーの活躍が。文には七五調のリズムがあり快い。「ごろごろ」という擬音や車の警笛は、それぞれの性格を意識して読みたい。

6分

122 はじめてのおつかい

林 明子 え　筒井 頼子 さく
福音館書店　1976年　32p　20×27

5歳のみいちゃんはママに、赤ちゃんの牛乳を買ってきてと頼まれる。途中の坂で転んでお金を落としたり、お店のおばさんに気づいてもらえなかったり。子どもは主人公にぴったり寄り添って熱心に聞く。お店の場面では、主人公の緊張が伝わるように読んでほしい。

7分

123 はちうえはぼくにまかせて

マーガレット・ブロイ・グレアム え
ジーン・ジオン さく　もりひさし やく
ペンギン社　1981年　36p　29×21

どこにも行けない夏休み。男の子トミーは、旅行に行く人達から、アルバイトで鉢植えをあずかることに。植物は伸び、家はジャングルのよう。表題紙から話が始まるのでていねいに見せる。冒頭に「ある日、トミーはおかあさんに言いました」と補ってもよい。夏休み前後におすすめ。

少人数　7分

124 はははのはなし

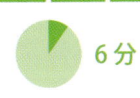

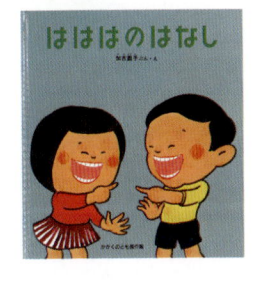

加古 里子 ぶん・え
福音館書店　1972年　23p　26×23

虫歯はなぜできるの？　ならないためには？　健康を支える歯の役割や守るための心構えを伝える科学絵本。楽しい語り口にゆだねて、くつろいで読みたい。子どもの反応もやわらかく受け止めて、お説教くさくならないように。

6分

125 ハンダのびっくりプレゼント

幼2 低

3分半

アイリーン・ブラウン 作　福本 友美子 訳
光村教育図書　2006 年　25p　22 × 27

ケニアの女の子ハンダは、お土産に 7 種の果物をかごに盛り、頭にのせて友達の村へ。するとサルが手を伸ばしバナナを失敬、ダチョウ、シマウマも……。絵が語る物語をていねいに見せたい。ヤギのコマ割の絵は指でさし示してもよい。

・ハンダのめんどりさがし

126 ひとつ、アフリカにのぼるたいよう

幼2 低 中～

3分半

ニコラース・マリッツ 絵　ウェンディ・ハートマン 文
さくま ゆみこ 訳
文化出版局　2000 年　32p　22 × 25

「ひとつ、アフリカにのぼるたいよう」。2 羽のチョウゲンボウ、3 頭のゾウ……と、アフリカの動物たちが登場する数の絵本。太陽が沈むと、10 から 1 まで別の動物で戻る。絵本やお話のつなぎに便利。

127 ひとまねこざるときいろいぼうし

幼2 低

少人数　　10 分

H・A・レイ 文・絵　光吉 夏弥 訳
岩波書店　1983 年　55p　28 × 22

知りたがりの子猿じょーじは、黄色い帽子のおじさんに捕まり、アフリカから船で大きな町へ。でも、船から鳥をまねて飛んだり、電話をいたずらしたり。じょーじが次々でかす騒動が、子どもをひきつける。見返しの場面は、物語への期待がふくらむので、ゆっくり見せる。p.18 の「こんなぐあい」「こうでした」に合わせて、絵を指さすとよい。

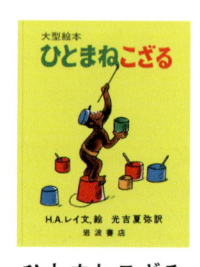

・ひとまねこざる

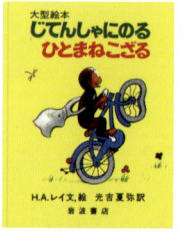

・じてんしゃにのる
　ひとまねこざる

・ろけっとこざる

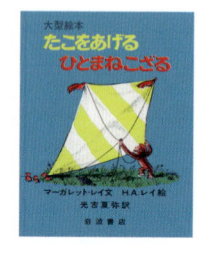

・たこをあげる
　ひとまねこざる

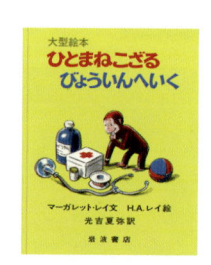

・ひとまねこざる
　びょういんへいく

128 100まんびきのねこ

幼2 低

少人数　11分

ワンダ・ガアグ ぶん・え　いしい ももこ やく
福音館書店　1961年　31p　20×27

猫を欲しがるおばあさんのため、おじいさんが探しに。長い間歩いて着いたのは……？　昔話風の話の展開にまかせて素朴に読んでほしい。「ひゃっぴきのねこ、せんびきのねこ、ひゃくまんびき……」のくり返しをテンポよく。1匹残った子猫が太る場面は指でなぞりながら読むとよい。

129 ふゆめがっしょうだん

幼2 低 中〜

少人数　3分

冨成 忠夫, 茂木 透 写真　長 新太 文
福音館書店　1990年　28p　26×24

「みんなは／みんなは／きのめだよ」。葉が落ちたあとの枝に出る小さな冬芽。よく見ると、帽子をかぶった子どもや、ウサギやコアラの顔が。文は短いが、冬芽の「顔」を楽しむ時間を少しとりながら読みましょう。

130 ブルーベリーもりでのプッテのぼうけん

幼2 低

6分半

エルサ・ベスコフ さく・え　おのでら ゆりこ やく
福音館書店　1977年　36p　25×32

おかあさんの誕生日の贈り物にブルーベリーとこけももをつみにでかけた男の子プッテは、ブルーベリー森の王様やこけもも母さんなどの小人たちと、楽しい時間を過ごす。最後のページのカードは、「じぶんでかいたのです」に続けて読むとよい。

131 へそもち

幼2 低 中〜

7分

赤羽 末吉 え　渡辺 茂男 さく
福音館書店　1980年　27p　19×26

黒雲に住む雷は雨を降らせるのが仕事。でも時々人間の家に飛びおり、物を壊したり、へそをとったりして、村人を困らせた。ある日、寺に近づいた黒雲を見た和尚さんは……。全編、縦開きの絵本。本の綴じと下を支え、ぐらつかないように。

132 ペレのあたらしいふく

幼2 低

5分

エルサ・ベスコフ さく・え　おのでら ゆりこ やく
福音館書店　1976年　15p　24×32

ペレは自分で育てた子羊の毛をかる。それをおばあちゃんにすいてもらう代わりに畑の草取りをし、糸つむぎの代わりに牛の番をし……。大判横長の絵本なので、遠いページをのぞきこまないように。最後は「わらっているようでした」で、しっかりしめくくること。

133 ぼく、だんごむし

 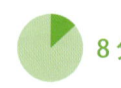

幼2 低

8分

たかはし きよしえ　得田之久 ぶん
福音館書店　2005年　28p　26×24

植木鉢の下がぼくのすみか。枯れ葉や死んだ虫、ダンボールやコンクリートだって食べちゃうよ。ダンゴムシの生態をお話風に伝える。一人称のことばはかわいらしいが、科学的な内容なので、甘くなりすぎないように。

134 ぼくはこどものぞうです

幼2 低

2分

タナ・ホーバン しゃしん　ミエラ・フォード ぶん
ごみ たろう やく
リブロポート　1996年　24p　22×25

動物園の子象がひとりで水浴びをして、母象のもとに戻るまでを追った写真絵本。「もぐりますよ」「ぼくが　みえますか？」といった子象の短いセリフが、写真とぴったり合ってほほえましい。ちょっとした息抜きにも。

135 ほね

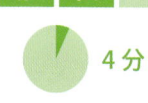

幼2 低

4分

堀内 誠一 さく
福音館書店　1981年　24p　25×22

さかなには　ほねがある。でも　たこには　ほねがない。もし　きみのからだのなかにも　ほねが　なかったら……。人間や動物の骨格の構造や働きをわかりやすく説明。聞きながら、自分の骨や筋肉をさわって確かめる子も。小さい文字は適宜、読んでもよい。p.16、p.18は、何度かページをめくり直すと比べやすい。

136 まあちゃんのながいかみ

たかどの ほうこ さく
福音館書店　1995年　28p　20 × 27

少人数　5分

長い髪がご自慢の友だちに「わたしなんかね、もっとずっとのばすんだから」と啖呵をきったおかっぱのまあちゃん。うんと伸ばした髪を木に結んで洗濯物を干したり、ロープにして牛を捕らえたり。見開きを縦に使う場面があるので、スムーズに見せられるように。

137 マイク・マリガンとスチーム・ショベル

バージニア・リー・バートン ぶん・え　いしい ももこ やく
童話館　1995年　48p　23 × 25

16分

蒸気で働くパワーショベルのメアリ・アンは、都会ではお払い箱。そこで持ち主のマイク・マリガンといなかへ行き、市役所の地下室を1日で掘りあげることに。読みではあるが、子どもたちは躍動感ある絵にひきつけられてよく聞く。見返しの図解は、読み終わってから、ゆっくり見せましょう。初版は福音館書店（1978年）。

138 魔女たちのあさ

エドリアン・アダムズ ぶん・え　奥田 継夫 やく
アリス館　1994年　32p　26 × 20

少人数　3分

夜空に月がのぼると、森の奥で魔女の一団が目覚める。こうもりのシチューを食べ、ほうきに乗って空へ。「ズー・ム！」「ホッ、ホーッ」。月で一休みして、地球におりたら仮装した子ども達が。遠くからは見づらいので子どもを近くに集めて読むとよい。ハロウィンに。

139 ママ、ママ、おなかがいたいよ

レミー・チャーリップ, バートン・サプリー さく・え
つぼい いくみ やく　福音館書店　1981年　44p　19 × 26

5分

男の子のお腹がパンパンにふくらみ、医者がかけつけ緊急入院。お腹の中には、りんごにボールに……はては自転車！　出てきたものがシルエットで描かれ、ページをめくると色がついて種あかし。子どもは予想したがるので少し時間をとって。帽子の行方をよく聞かれるので、自分なりの答えを用意しておく。

140 まりーちゃんとひつじ

フランソワーズ 文・絵　与田 準一 訳
岩波書店　1956年　64p　21×17

幼2

6分/7分半

まりーちゃんは羊のぱたぽんにいいます。おまえが子どもを1匹うんだら、その毛を売ってすきなものが買えるわね……。歌うような調子のくりかえしが心地よい素朴な話。後半の、あひるのまでろんをさがす「まりーちゃんのはる」も続けて読んでも楽しい。

・まりーちゃんのくりすます
・まりーちゃんとおおあめ（福音館書店）

141 ミムスのぼうけん──恐竜物語

松岡 達英 作　ジェームス・H・マドセン Jr., 小畠 郁生 監修
小学館　1991年　48p　29×23

幼2　低

7分半

約8000万年前、白亜紀（はくあき）の北アメリカ大陸が舞台。小型恐竜オルニトミムスの子ミムスが親元を離れて一人でさまよい、無事戻るまで。弱肉強食の太古のドラマが生き生きと迫ってくる。図鑑一辺倒（いっぺんとう）の男の子をもひきつける。

142 めのまどあけろ

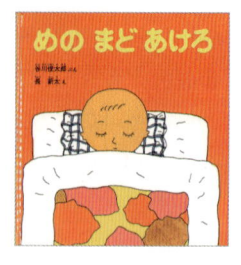

長 新太 え　谷川 俊太郎 ぶん
福音館書店　1984年　24p　22×21

幼2　低

4分半

子どもの1日を、愉快な詩でつづった絵本。「めのまどあけろ　おひさままってるぞ」に始まり、「ふとんのうみにもぐったら」と終わる。いくつか選んで、絵本と絵本のあいだに読んでやるのもよい。言葉のリズムを感じながら、それぞれの詩に合った読み方を工夫すること。

143 ももたろう

あかば すえきちえ　まつい ただし ぶん
福音館書店　1965年　40p　21×22

幼2　低　中～

12分

桃から生まれた桃太郎。日本一のきびだんごを腰にさげ、鬼退治に。「つんぶく　かんぶく」等、昔話らしい物言いを味わいながら読みたい。鬼退治の場面は歯切れよく。あでやかな色と品のある筆づかいの日本画。多くの「桃太郎」絵本の中でもとくにすすめたい1冊。

144 やさいのおなか

きうちかつ さく・え
福音館書店　1997年　47p　20×19

4分

「これ　なあに」ふしぎな形のシルエット。次ページでそれに色がつき、次は全体図。ここで、野菜の断面図だったとわかる。長ネギ、ピーマン、レンコンなど、身近な野菜の断面をシンプルにデザイン化。子どもたちは口々に予想を言うので、やりとりの時間を楽しんで。

145 ゆきのひ

エズラ・ジャック・キーツ ぶん・え　きじま はじめ やく
偕成社　1969年　32p　23×25

5分

朝、窓の外は一面の雪。ピーターはさっそく飛び出し、雪に足跡をつけたり雪だるまを作ったり、1日中、思いきり遊ぶ。男の子の喜びや驚きに心をそわせて、すなおに読んでほしい。1962年アメリカでの刊行時、黒人の主人公を、あえて黒人と言わずに登場させ、注目された絵本。

・ピーターの　　　　　　・ピーターの　　　　　　・ピーターの
　くちぶえ　　　　　　　　　　　　　　　いす　　　　　　　　　　　　　てがみ　

146 ゆきむすめ

佐藤 忠良 画　内田 莉莎子 再話
福音館書店　1966年　27p　19×27

6分

ロシアの昔話。子どものないおじいさんとおばあさんが作った雪の人形が、生きた娘になった。ふたりにかわいがられるが、春になると元気がなくなる。夏のある日、友だちに誘われた娘がたきびを飛び越え……。結末はセンチメンタルにならないよう、余韻を残して終わりたい。

147 よかったねネッドくん

レミー・チャーリップ さく　やぎた よしこ やく
偕成社　1969年　42p　26×21

4分

遠い田舎のパーティーに飛行機で出かけたネッドくん。でも、たいへん！飛行機が爆発。よかった！　パラシュートがあって。でも……。運・不運のくり返しがすばやく展開。子どもの反応を見ながら、上手に間をとって。

148 よるのびょういん

幼2 低 中〜

6分

長野 重一 写真　谷川 俊太郎 作
福音館書店　1985年　32p　20×27

朝からおなかが痛かったゆたかが、夜、救急車で病院へ運ばれ、盲腸（もうちょう）の手術を受けるまで。30年以上前のモノクロ写真が、かえって新鮮。子どもは、こわいけれど知りたい出来事を、緊張感をもって聞く。最後の場面では、安らぎとともに、しっかりしめくくろう。

149 ラチとらいおん

幼2 低

少人数　8分

マレーク・ベロニカ ぶん・え
とくなが やすもと やく
福音館書店　1965年　44p　16×23

世界一よわむしの男の子ラチ。犬も暗いへやも、友達さえこわい。らいおんがいたら何もこわくないのにと思っていると、小さな赤いらいおんが現れた。らいおんの手紙は、感動的になりすぎないように。らいおんの体操とのっぽの落し物は、指さしてやるとよい。

150 リーラちゃんとすいか

幼2 低 中〜

4分

マリリン・ハーシュ ぶん・え　マヤ・ナラヤン え
おかべ うたこ やく　ほるぷ出版　1976年　32p　29×22

インドの女の子リーラはすいかが大好き。種まで飲みこみ、兄さんに「お腹の中にすいかがなるぞ」と言われ心配になる。主人公の気持ちに寄り添って聞ける、夏にぴったりの本。奥付の次の見開きでは舞台が一望できるので、時間があれば、じっくり見せてやりたい。

151 ろくべえまってろよ

幼2 低

8分

長 新太 絵　灰谷 健次郎 作
文研出版　1975年　30p　29×23

深い穴に落ちたイヌのろくべえを助けようと、子どもたちはさんざん知恵をしぼる。絵の向きが縦、横と不規則に変わるので、スムーズにページがめくれるよう練習しましょう。関西弁のセリフもあるが、あまり気にせず、挑戦してほしい。

152　ロバのロバちゃん

幼2　低

12分

ロジャー・デュボアザン ぶん・え　くりやがわ けいこ やく
偕成社　1969年　47p　26 × 21

自分の長い耳が変だと思いこんだロバちゃんは、犬のまねをして耳をたらしたり、羊のまねをして横につきだしたり。苦労の末に得た幸せな結論は？　ロバちゃんがお医者さまの手当てを受ける場面では、お話にそって指さしてやるとよい。

153　わゴムはどのくらいのびるかしら？

幼2　低　中〜

3分

ジェリー・ジョイナー え　マイク・サーラー ぶん
きしだ えりこ やく
ほるぷ出版　1976年　31p　19 × 24

わゴムがどのくらい伸びるか試してみた坊や。ベッドの枠に引っ掛け、もう一方を手にもって外へ。自転車、バス、汽車に乗り……ついにロケットに！　どんどん伸びるわゴムに思わず「えーっ！」と声が。ほら話なので、きっぱり終わること。

154　わたしのろばベンジャミン

幼2　低

15分

レナート・オスベック 写真　ハンス・リマー 文
松岡 享子 訳
こぐま社　1994年　47p　24 × 22

地中海の島に住む女の子スージーは、パパと散歩中に、ろばの赤ちゃんを見つける。ベンジャミンと名づけ、大のなかよしになるが……。スージーの一人称の語りは寄りそいやすいが、長いので落ちついた雰囲気のときに。

155　わたしはバレリーナ

幼2

2分半

ピーター・シス さく　松田 素子 やく
BL出版　2002年　28p　21 × 21

テリーはバレエに夢中。今日も準備体操の後、ピンクのチュチュで「くるみわり人形」、白い羽のボアで「白鳥の湖」を踊る。現実の姿が左ページに、心に描く理想の姿が右ページの鏡の中に描かれる。女の子が多いときに。

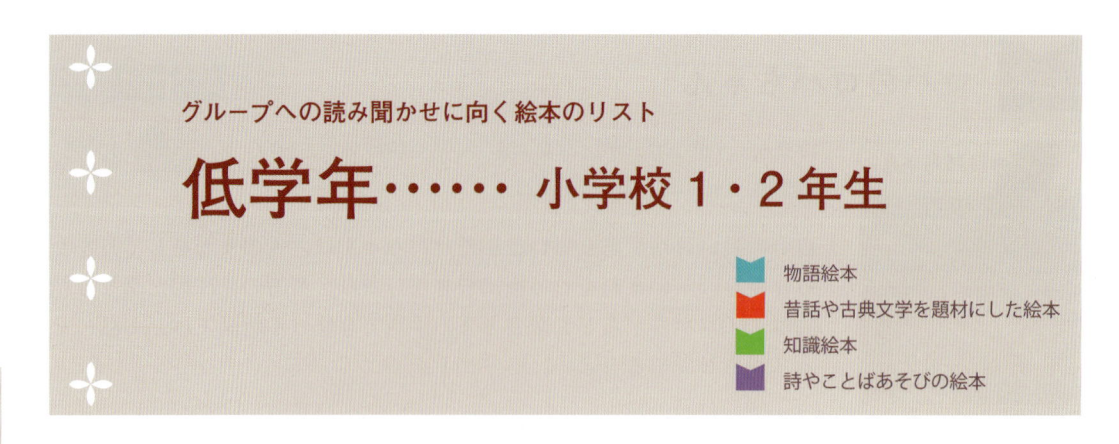

グループへの読み聞かせに向く絵本のリスト

低学年……… 小学校 1・2 年生

■ 物語絵本
■ 昔話や古典文学を題材にした絵本
■ 知識絵本
■ 詩やことばあそびの絵本

156 あかてぬぐいのおくさんと 7 にんのなかま

 低 中～

6分

イ・ヨンギョン ぶん・え　かみや にじ やく
福音館書店　1999 年　32p　24×33

お針の上手な奥さんが昼寝中、7 つの道具がけんかを始めた。「私がいなければ寸法が測れない」と、ものさし夫人。「布を切るのは私」と、はさみお嬢さん。韓国古典をもとにしたお話。登場人物の表情や風俗が楽しい。うしろの見返しを、最後に見せると効果的。

157 あくたれラルフ

 低 中～

少人数 8分

ニコール・ルーベル え　ジャック・ガントス さく
いしい ももこ やく
童話館出版　1994 年　48p　22×24

女の子セイラの飼い猫ラルフはどうしようもない悪たれ。ある日、サーカスを見物中に悪たれの度が過ぎて、サーカスに置き去りにされ……。痛快だが、ひねりのきいた話なので、聞きなれた子どもたちに。初版は福音館書店（1982 年）。

158 あなたのはな

 低 中～

7分半

ポール・ガルドーン え　ポール・シャワーズ ぶん
松田 道郎 やく　福音館書店　1969 年　40p　21×24

朝、トーストの匂い。たどっていくと朝ごはん。鼻の奥に空気が入ると、匂いがわかる。では空気を吐くときは？　鼻をつまむとマミムメモって言いにくい？　簡単な実験とともに鼻の働きを紹介。その場でできるものは、声をかけて一緒にやってみてもよい。ただし、上手に本にひき戻すことも必要。

159 あめがふるときちょうちょうはどこへ

 低 中〜  4分

レナード・ワイスガード 絵　メイ・ゲアリック 文
岡部 うた子 訳
金の星社　1974年　32p　25×19

雨がふると、もぐらは穴にもぐるし、みつばちは巣に飛んで帰る。でも、ちょうちょうは？　雨の日の動物のようすを、やわらかい青の濃淡の絵とともに表現。詩を朗読するように、ゆったりと。

160 あめのひ

 低 中〜　少人数  2分半

ユリー・シュルヴィッツ 作・画　矢川 澄子 訳
福音館書店　1972年　32p　24×26

窓に、屋根に、街中に雨が降る。野山や丘や池にも。雨は流れて川から海へ。短い文と淡い色の絵で、静かな雨の日を描く。詩的な雰囲気を大切に、ゆっくり間（ま）をとって。

161 いしになったかりゅうど──モンゴル民話

 低 中〜  11分

赤羽 末吉 画　大塚 勇三 再話
福音館書店　1970年　36p　31×23

狩人ハイリブはへびを助けて、動物の言葉のわかる玉をもらった。玉によって知った内容はいわない約束だったが、洪水がおこることを知り……。雄大な自然を背景にした英雄譚（えいゆうたん）。落ち着いた口調で、余韻（よいん）を残すように読みたい。

162 いちばんのなかよし──タンザニアのおはなし

 低 中〜　少人数  10分

ジョン・キラカ 作　さくま ゆみこ 訳
アートン　2006年　28p　23×30

動物村では、火をおこせるネズミは大切な存在。でも、仲よしのゾウに蓄えの米をとられ、ネズミが家出。仲間に責められたゾウは……。タンザニアの作家による昔話風のお話。大きいわりに遠目のきかない絵柄なので少人数に。

163 うさぎのみみはなぜながい
──テウアンテペックの昔ばなし

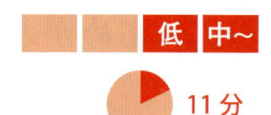
低 中〜 11分

北川 民次 ぶん・え
福音館書店 1962年 32p 31×22

大きな体がほしいと願うウサギ。神様は、虎とワニと猿を殺して皮をもってくるという課題をだすが、ウサギがそれをやり遂げると……。メキシコに在住していた画家が再話したアステカの民話。力強い味わいを生かすように。

164 海べのあさ

低 中〜 24分

ロバート・マックロスキー 文・絵　石井 桃子 訳
岩波書店 1978年 62p 32×24

ある夏の朝、サリーが歯をみがこうとすると、たいへん、歯が1本ぐらぐらしている！　アメリカ・メイン州の海岸にすむ女の子の体験を、美しい風景の中で描く。長めの話なので、力の配分を考えて。

165 うらしまたろう

低 中〜 9分半

秋野 不矩 画　時田 史郎 再話
福音館書店 1974年 31p 20×27

亀を助けた浦島太郎は、乙姫に連れられ海の底の竜宮城へ。3年間楽しく暮らすが、窓から故郷の景色を見て……。透明感のある日本画が美しく、数ある「浦島太郎」絵本の中でも出色の作品。無常観の漂う結末なので、余韻をもたせて。

166 ウラパン・オコサ──かずあそび

低 中〜 3分

谷川 晃一 作
童心社 1999年 32p 27×19

1はウラパン、2はオコサ、3はオコサ・ウラパン。1と2の組合せでものを数えるユニークな絵本。素朴で大らかな色彩の絵と相まって、数の面白さが伝わる。指でさしながら唱えると、聞き手も参加してくれる。話と話のつなぎやおまけに使える便利な1冊。

低学年

167 ウルスリのすず

低 中～

 13分

アロワ・カリジェ 絵　ゼリーナ・ヘンツ 文　大塚 勇三 訳
岩波書店　1973年　43p　25 × 33

ウルスリは山の男の子。村の鈴行列に使う大きな鈴をとりに、雪道をの
ぼって山小屋へ。大型横長のスイスの絵本。右き
きには文章のページが遠くなるので、前もってよ
く読んでおくとよい。ぐらつかないように本をし
っかり支えること。　　　　・フルリーナと山の鳥

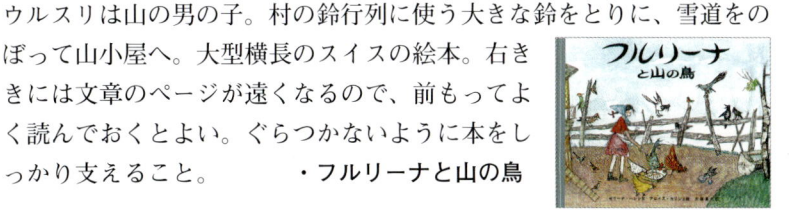

168 ＡはアフリカのＡ
──アルファベットでたどるアフリカのくらし

低 中～

 10分

イフェオマ・オニェフル 作・写真　さくまゆみこ 訳
偕成社　2001年　25p　22 × 29

アフリカの暮らしを写真で紹介するＡＢＣ絵本。Ｂはビーズ、色とりど
りの飾りが少女の肌に映える。Ｃはカヌー、川面
をすべり人々を運ぶ。ＡからＺまであるので、
選んで読んでもよいだろう。

　　　　　　　・おとうとは青がすき

169 王さまと九人のきょうだい ──中国の民話

低 中～

 13分

赤羽 末吉 絵　君島 久子 訳
岩波書店　1969年　42p　26 × 20

老夫婦が授かった、顔も体つきもそっくりな九人兄弟。名前は、ちから
もち、くいしんぼう、ぶってくれ等々。それぞれが特技を発揮して悪い
王さまをやっつける。9回のくり返しがだれないように、テンポよく元
気に。名づけの場面では、ひとりひとり指さすとよい。

170 おおきくなりすぎたくま

低 中～

 11分

リンド・ワード 文・画　渡辺 茂男 訳
ほるぷ出版　1985年　87p　27 × 20

開拓時代のアメリカ。少年ジョニーが森で出会ったのは、赤ん坊のクマ。
ジョニーはそのクマを飼うことにするが、やがて手に負えなくなる。文
字と絵の配分がよいので、劇的な展開にまかせて素朴に読めばよい。初
版は福音館書店（1969年）。

171 おどりトラ──韓国・朝鮮の昔話

低 中～

鄭琡香 画　金森 襄作 再話
福音館書店　1997年　32p　27×20

6分

踊ってばかりいる「おどりトラ」。踊りをみがき、不思議な力をもつようになる。クライマックスのトラばしごが魅力的。4場面が縦開きになるので、心づもりしておくこと。最終ページに言葉はないが、ゆっくり見せよう。

172 おばけのひっこし

低 中～

沼野 正子 絵　さがら あつこ 文
福音館書店　1989年　32p　26×21

少人数　9分

今は昔、子沢山のおとどが広い家を探して京の町なかへ。ところが、見つけた家にはお化けが住むという。夜ふけ、お化けが次々現れ……。子どもたちをひきつけること間違いなしの話。絵も遊び心がある。のびのびと、だが大げさにならないように。

173 お化けの真夏日

低 中～

川端 誠 作
BL出版　2001年　31p　29×22

4分半

一つ目小僧たちは元気に虫取り。ろくろっ首は果物屋でスイカをまけてもらい、風呂あがりには流しそうめん……。お化けたちが過ごす夏の1日をくっきりした線と色で描く。くつろいで楽しみたいときに。見返しも大切に。

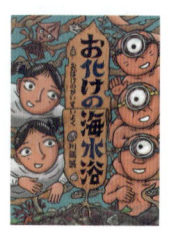

・お化けの海水浴

174 おひさまをほしがったハヌマン
──インドの大昔の物語「ラーマーヤナ」より

低 中～

A・ラマチャンドラン さく・え　松居 直 やく
福音館書店　1997年　32p　20×27

6分

風の神の子ハヌマンが美しいお日様を欲しがり、神々の王インドラの怒りを買うが……。古代インドの長編叙事詩中のエピソード。ハヌマンは孫悟空のルーツとも言われる人気者。神々の話だが、素直に読める。縦開きの場面でスムーズに持ち替えられるように心づもりを。

175 女トロルと8人の子どもたち
──アイスランドの巨石ばなし

低 中〜

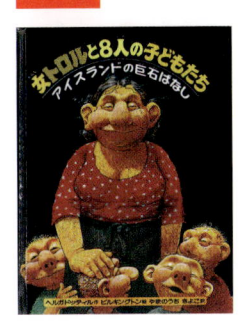

9分

ブリアン・ピルキングトン 絵
グズルン・ヘルガドッティル 作　やまのうち きよこ 訳
偕成社　1993年　25p　27×21

女トロルのフルンブラは、醜い男トロルに夢中になり、子どもを8人産んだ。可愛い子ども達を、離れて暮らす父親に見せようと出かけるが……。話中話の形式。その枠となっているお話の部分も、そのまま読むとよい。

176 がちょうのペチューニア

低 中〜

13分

ロジャー・デュボワザン 作　まつおか きょうこ 訳
冨山房　1999年　32p　26×21

本を拾ったペチューニアは、持ち歩くだけで賢くなったと思いこみ……。あまり利口でないペチューニアと農場の動物達とのやりとりがユーモラス。1ページに複数の場面があるときは、適宜、指さす。p.25の「すると……」で期待を持たせ、勢いよくめくると効果的。

・ペチューニアごようじん

177 かぶとむし ──かぶとむしの一生

低 中〜

6分

得田 之久 ぶん・え
福音館書店　2010年　32p　19×27

春、土の中にかぶとむしの幼虫が。夏のはじめにさなぎになり、羽化すると……。本文の下に「脱皮」等のことばや他の昆虫についての注がある。「うかってなに？」などの質問があったときに参考にできる。初版1972年の改訂版。

・かまきり

・ちょう

・とんぼ

・はち

178 ガラスめだまときんのつののヤギ
——ベラルーシ民話

 低 中～

スズキ コージ 画　田中 かな子 訳
福音館書店　1988 年　32p　22 × 30

 8分

おばあさんが丹精（たんせい）した麦畑をたちの悪いヤギに荒らされ、追い出そうとするが、出ていかない。同情したクマやオオカミもヤギにおどされてしまう。そこへハチが来て……。5回のくり返しの後の、見事な結末が痛快な昔話。元気な絵に負けないように読むこと。

179 きつね森の山男

低 中～

馬場 のぼる 著
こぐま社　1974 年　47p　27 × 19

 16分

人のいい山男がねぐらを求めて入った森では、キツネたちが毛皮をほしがる殿様と戦争中。キツネ軍として訓練に加わった山男だが、好物の大根作りの方が気になって……。飄々（ひょうひょう）としたおかしみが随所（ずいしょ）にあるので、大らかに楽しんでほしい。とくに秋～冬に向く。

180 木はいいなあ

 低 中～

マーク・シーモント え　ジャニス・メイ・ユードリイ さく
さいおんじ さちこ やく
偕成社　1976 年　32p　29 × 17

 5分

林に寝ころんで、高い木を見上げる少年。川辺の木、牧場のたった1本の木。木があれば、木陰の昼寝やりんご採り、落ち葉焚きができる。木のある恵みを詩的な文で静かに語り、自然への共感を呼ぶ。ストーリーに大きな起伏はないが、子ども達は驚くほどよく聞く。

181 ことばのこばこ

低 中～

和田 誠 さく・え
瑞雲舎　1995 年　38p　31 × 27

 19分

しりとり、回文、かぞえ唄など著者の創作したことば遊びを集めた大型絵本。ユーモラスな絵と描き文字の組み合わせが、ことば遊びを視覚的にも楽しませてくれる。幅広い年齢の子に。聞き手に合わせて一部を選ぶとよい。楽しさが伝わるように、それぞれ工夫して。初版はすばる書房（1981 年）。

182 これはのみのぴこ

 低 中〜 5分

和田 誠 絵　谷川 俊太郎 作
サンリード　1979年　31p　29 × 22

「これはのみのぴこ」「これはのみのぴこのすんでいるねこのごえもん」見開きの左に文、右に絵で、ページを繰るたびにことばが積み重なっていく。明るく軽快なことば遊び絵本。自在に読めるようにたっぷりと練習を。最後の「ぷち」は指さして。

183 さるとわに——ジャータカ物語より

 低 中〜 10分

ポール・ガルドン さく　きたむら よりはる やく
ほるぷ出版　1976年　32p　29 × 23

いつも腹ぺこのワニ。川のほとりに住むサルを食べてやろうと、1匹のサルをおびき出し……。ワニとサルの知恵比べ。のびやかな迫力のある絵が聞き手の目を引く。特別な工夫はいらないが、両者のかけひきのおもしろさが伝わるように。

184 じめんのうえとじめんのした

 低 中〜 4分

アーマ・E・ウェバー ぶん・え　藤枝 澪子 やく
福音館書店　1968年　31p　21 × 17

「しょくぶつには、じめんのうえに　でているところと　じめんのしたに　もぐっている　ところとが……」シンプルな言葉と絵で自然界の仕組を説く。植物が光と水から栄養を作り、動物はその恩恵を受けることが無理なく伝わる。地上と地下を対比させたデザイン的な絵をゆっくり見せ、読み急がないように。

185 スーホの白い馬——モンゴル民話

 低 中〜 13分

赤羽 末吉 画　大塚 勇三 再話
福音館書店　1967年　47p　24 × 31

モンゴルの楽器、馬頭琴（ばとうきん）の由来譚（ゆらいたん）。貧しい羊飼いの少年スーホが育てた白馬が競馬で優勝。だが、殿様は約束の褒美（ほうび）も与えず、馬まで取り上げた。馬は逃げ帰るが息絶え……。感動を押しつけず、率直に力強く読みたい。地平線が傾かないように、本をしっかり持つこと。

186 せかい1おいしいスープ
──あるむかしばなし

低｜中〜

10分

マーシャ・ブラウン さいわ・え　わたなべ しげお やく
ペンギン社　1979年　52p　27×21

はらぺこの兵隊が3人やってきた。村人たちは食べものを隠して知らん顔。すると兵隊は、たった3個の石でおいしいスープを作るという。フランスの昔話がもと。村人と兵隊のしたたかなやりとりを楽しみながら読みたい。新訳は岩波書店から刊行。

187 たなばたまつり

低｜中〜

5分

熊谷 元一 さく・え
福音館書店　1970年　27p　26×19

七夕前日、子ども達は里芋の葉の朝露を集めて墨をすり、短冊を書いて竹を飾る。当日は墓掃除に行き、夜には提灯をともして町をねり歩く。今では珍しい七夕の3日間の風習を伝える知識絵本。古く見えるが、季節にちなんで読むとよく聞く。

188 ちいさいおうち

低｜中〜

少人数　15分

ばーじにあ・リー・ばーとん ぶん・え
いしい ももこ やく
岩波書店　1965年　40p　24×25

静かな丘の上にたつ小さいおうちは、四季折々の自然を眺め、幸せに暮らしていた。ところが辺りはどんどん変わって……。時の流れを詩情豊かに表現した古典的傑作。読み手は最後まで集中力を切らさずに、話全体の流れを感じながら読んでほしい。

189 ちのはなし

低｜中〜

5分

堀内 誠一 ぶん・え
福音館書店　1978年　23p　26×24

転んで膝をすりむいたら血がでた。それは血管が体中に通っているから。やさしい実験をおりまぜながら、血や心臓の働きを説く。血液の流れや、肺のしくみを図示するところでは、内容をよく理解した上で、矢印を指でたどりながら読むとよい。

190 つきへいったら

 低 中〜

 5分半

レオナード・ワイスガード 画
クロウディア・ルイス 文　藤枝 澪子 訳
福音館書店　1969年　36p　26 × 21

ぼくが月へ行ったら、地球を眺めよう。ぽっかりと空に浮かぶ大きな球がゆっくりと回っている……。月から見た地球の姿を、詩的な文で綴る科学絵本。静かに語りかけるように読んでほしい。

191 としょかんライオン

 低 中〜

 15分

ケビン・ホークス え　ミシェル・ヌードセン さく
福本 友美子 やく
岩崎書店　2007年　41p　30 × 26

ある日、図書館にライオンがきた。お話会でもっと聞きたいとほえ、館長にしかられるが、翌日からはきまりを守り、お手伝いもする人気者に。だが……。館長の危機を知らせるため大声でほえる場面は力を込めて。前後の見返しもしっかり見せよう。

192 トラのじゅうたんになりたかったトラ

 低 中〜

 8分

ジェラルド・ローズ 文・絵　ふしみみさを 訳
岩波書店　2011年　32p　29 × 22

むかし、インドのジャングルにすむ年老いたトラは、餌がとれず骨と皮ばかりに。王様の宮殿の暮らしに憧れるが、ある日、絨毯を干す召使を見てひらめいた！　コミカルな話に合うように、軽快に読みたい。

193 トロールのばけものどり

 低 中〜

少人数 12分

イングリ・ドーレア，エドガー・ドーレア 作
いつじ あけみ 訳
福音館書店　2000年　43p　31 × 23

オーラと3人の妹は、森でトロールの飼うばけもの鳥に出くわした。オーラが銀ボタンをこめた銃で退治して皆で鳥を丸焼きに。すると2匹のトロールが……。p.6の文章も忘れずに。くり返し出てくる妹たちの名をテンポよく読むと、活劇風の物語のアクセントになる。

194 ねむりひめ──グリム童話

低 中〜

11分

フェリクス・ホフマン え　グリム [再話]
せた ていじ やく
福音館書店　1963年　32p　31×22

占い女の呪いによって、姫が15の誕生日につむに刺され、100年の眠りにおちるという劇的な展開。この話のもつ気品やこまやかな描写を損なわぬように読みましょう。生い茂ったいばらが城を覆うページと次の白ページは年月を表しているので、ゆっくり見せること。

195 ノックメニーの丘の巨人とおかみさん
──アイルランドの昔話

低 中〜

15分

トミー・デ・パオラ 再話・絵　晴海 耕平 訳
童話館出版　1997年　32p　29×23

アイルランドにすむ気立てのよい巨人フィン・マクールは、乱暴者の巨人が自分をやっつけにくると気が気でない。そこで、おかみさんが知恵を働かせ……。最後から2ページ目の「フィン・マクール…かみちぎりました」は、前のページを見せながら読む方がよい。

196 歯いしゃのチュー先生

低 中〜

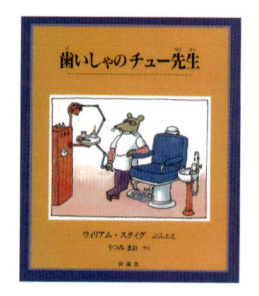

9分

ウィリアム・スタイグ ぶん・え　うつみ まお やく
評論社　1991年　32p　26×22

ネズミのチュー先生は腕ききの歯医者。ある日、歯痛に泣くキツネの紳士を特別に治療。ところがこの患者が「なまでたべるとおいしいな」というのを聞いて……。看板の文字も本文の途中に入れて読むとよい。会話が続くので誰のセリフか理解しておくこと。

197 はなのあなのはなし

低 中〜

8分

やぎゅう げんいちろう さく
福音館書店　1982年　28p　26×24

「このほんは、はなのあなをしっかりとふくらましてよんでください」の前書きからはじまり、鼻の穴の形や役目を、元気なイラストとともに、ユーモアたっぷりに描く。文章の書き文字は、子どもの反応を見ながら適宜、選んで読むとよい。　　　　　・あしのうらのはなし

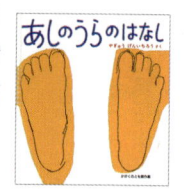

198 ピーターとおおかみ

低

アラン・ハワード 絵　セルゲイ・プロコフィエフ 作　小倉 朗訳
岩波書店　1975年　32p　23×29

7分

朝、ピーターは小鳥やアヒルとでかけるが、狼がでるからと、おじいさんに連れ戻される。そこへ狼が……。ロシアの作曲家が子どものために書いた音楽作品の絵本化。動物達の表情が豊かで、絵の力にひきつけられて聞く。ひねった終わり方なので、工夫して読むこと。

199 ひよこのかずはかぞえるな

低 中〜

イングリ・ドーレア，エドガー・パーリン・ドーレア さく
せた ていじ やく
福音館書店　1978年　38p　29×22

7分

めんどりを飼うおばさんは、卵を売りに行く道々考える。この卵を売ってめんどりをもう2羽買おう。そのめんどりも卵を産むだろう。でも、空想にふけりすぎ……。ことわざを基にした笑い話。おばさんの空想が現実にもどる前は間をとって。最後はカラッと明るく。

200 ふしぎなやどや

低 中〜

いのうえ ようすけ 画　はせがわ せつこ 文
福音館書店　1990年　36p　27×27

9分

中国に伝わる話。旅商人の趙が泊まったのは、うわさに聞いたおかみ・三娘子の宿。だが彼女は人をロバに変える術の使い手だった。それをのぞき見てしまった趙は……。話のふしぎさと絵の迫力が子どもたちをひきつける。最終ページの絵もしっかり見せること。

201 ぼくのいぬがまいごです！

低 中〜

エズラ・ジャック・キーツ，パット・シェール 作・絵
さくま ゆみこ 訳
徳間書店　2000年　48p　25×18

8分

ホワニートは8歳。ニューヨークに越してきたばかりなのに愛犬がいなくなった！　スペイン語しか話せないので、「ぼくのいぬがまいごです」と書いてもらった紙を手に捜し始めると……。大きく書かれた「グランデ！」等のスペイン語も忘れずに。

202 メアリー・スミス

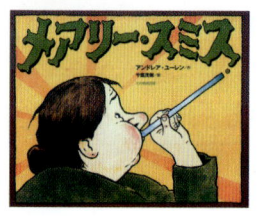

低 中〜

5分

アンドレア・ユーレン 作　千葉 茂樹 訳
光村教育図書　2004年　32p　21 × 27

夜あけ前。メアリー・スミスは豆をチューブにつめ、プッとひと吹き。カチン！　パン屋の窓に見事命中。目覚まし時計が普及する前のイギリスに実在した「めざまし屋」の話。巻末の説明や裏表紙の写真も紹介するとよい。

203 ものぐさトミー

低 中〜

少人数  10分

ペーン・デュボア 文・絵　松岡 享子 訳
岩波書店　1977年　44p　21 × 17

トミー・ナマケンボの家はすべて電気じかけ。着がえから歯みがき、食事、お風呂、すべて自動装置がしてくれる。ところがある日、嵐で送電線が切れて、とんでもないことに。抱腹絶倒のなりゆきが、子どもに人気。おかしさを誇張せず、落ちついて読むこと。

204 ゆうかんなアイリーン

低 中〜

8分

ウィリアム・スタイグ 作　おがわ えつこ 訳
セーラー出版（現・らんか社）　1988年　32p　27 × 22

アイリーンは、おかあさんの仕立てた奥さまのドレスをおやしきに届けるため、ひとり吹雪の中へ。でも風でドレスは飛ぶし、足はくじくし、日も暮れて……。あまりの苦闘ぶりに、本になれていない子もひきつけられる。

205 よるのねこ

低 中〜

7分

ダーロフ・イプカー 文・絵　光吉 夏弥 訳
大日本図書　1988年　48p　24 × 19

夜、猫が真っ暗な農場を歩きまわる。暗いところでも目が見える猫の特性を生かし、同じ場面を、まずはシルエットで、次のページでは色つきで見せる。シルエットのページでは聞き手がどんな場所か考える時間がほしい。

206 ライオンとネズミ

低 中〜

3分

ブライアン・ワイルドスミス え
ラ・フォンテーヌ ぶん　わたなべ しげお やく
らくだ出版　1969年　29p　29×23

足元に迷いこんだネズミを逃がしてやったライオン。ある日、わなにかかってもがくが、動物たちは助けてくれない。そこへネズミが現れて……。フランスの詩人の寓話（ぐうわ）がもと。教訓めいた所がないので素直に読めばよい。

207 リーベとおばあちゃん

低 中〜

9分

ハーラル・ノールベルグ 絵　ヨー・テンフィヨール 作
山内 清子 訳
福音館書店　1989年　35p　23×25

春まで日がささないノルウェーの谷間の村。復活祭の朝、山の上で太陽がおどるとき願いごとをすると、叶（かな）うんだよ。そう教えてくれた病気の祖母のため、リーベは父と日の出を見に山へ。静かな話なので聞きなれた子に。最後は裏表紙の花の絵も見せて。

208 ロージーのおさんぽ

低 中〜

3分

パット・ハッチンス さく　わたなべ しげお やく
偕成社　1975年　30p　21×26

散歩に出ためんどりのロージーをきつねが狙う。でも飛びかかろうとすると……。文に書かれるのはロージーの行動のみで、きつねがどうなるかは絵から読み取る。わかっていない子にはきつねの行動を指差すとよい。読み終わってからリクエストに応じてもう1回楽しんだり、表題紙の絵をたどったりしてもよい。

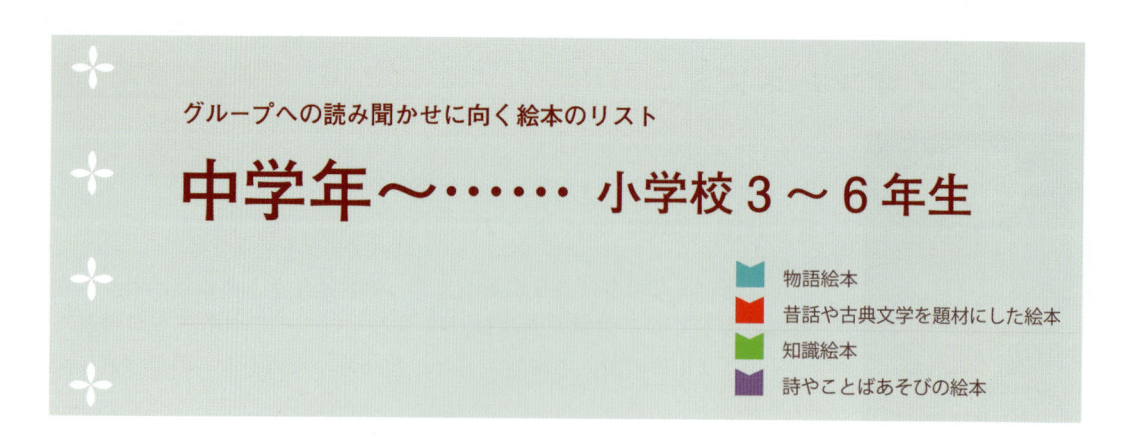

グループへの読み聞かせに向く絵本のリスト

中学年〜…… 小学校 3 〜 6 年生

- ◢ 物語絵本
- ◢ 昔話や古典文学を題材にした絵本
- ◢ 知識絵本
- ◢ 詩やことばあそびの絵本

---

 209 ## アブドルのぼうけん
―― アフガニスタンの少年のものがたり

 中〜　13 分

金田 卓也 作
偕成社　1982 年　36p　23 × 25

少年アブドルは砂漠の向こうをめざして、夜明け前に弟と歩きだす。過酷な砂漠で盲目の老人を助けたが、暑さと疲れで倒れそうになり……。やや長いが、素朴な暮らしと珍しい風物が聞き手の興味をひっぱる。見返しの地図を導入に使ってもよい。

---

210 ## アンナの赤いオーバー

 中〜　 8 分

アニタ・ローベル え　ハリエット・ジィーフェルト ぶん
松川 真弓 やく　評論社　1990 年　32p　27 × 20

戦争直後、母はアンナのオーバーを手に入れるため、まず金時計と羊毛を交換。それをランプと引き換えに紡いでもらい……。オーバーができ上がるまでの段取りが多いので、だれないように全体の流れを考えて読むこと。前後の見返しは最後に比べて見せるとよい。

---

211 ## 「イグルー」をつくる

 中〜
少人数　7 分半

ウーリ・ステルツァー 写真・文　千葉 茂樹 訳
あすなろ書房　1999 年　32p　22 × 22

雪のブロックを切り出してつくる半球型の家・イグルー。カナダ北端のイヌイットの父子が伝統の家造りに取りくむようすを白黒写真とともに追う。p.3 の内容はごく短くかいつまんで説明するとよい。見返しの地図も、はじめに見せて。

212 沖釣り漁師のバート・ダウじいさん
──昔話ふうの海の物語

30分

ロバート・マックロスキー さく　わたなべ しげお やく
童話館出版　1995 年　61p　30 × 23

古い小舟で釣りに出かけたバートじいさんが釣り上げたのは、クジラ
のしっぽ！　やがて海が荒れだし、じいさんはクジラの腹の中に避難。
ほら話風の豪快な話。長いので、ペンキの色の「ジニー・プーアさん
……」などの説明は省略する工夫もできる。初版ほるぷ出版（1976 年）。

213 オーラのたび

17分

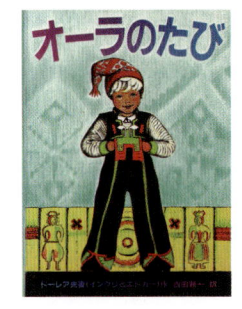

イングリ・ドーレア，エドガー・ドーレア 作　吉田 新一 訳
福音館書店　1983 年　56p　30 × 22

ノルウェーの森に住むオーラは、ある朝スキーで出かける。ラップ人の
集落を訪ねたり、北極海で漁をしたり。少年の旅と共に、ノルウェーの
風物が語られる。子どもはオーラによりそって、驚異の旅をたっぷりと
楽しむ。長い話なので力の配分を考えて。

214 かあさんのいす

少人数  11分

ベラ・B・ウィリアムズ 作・絵　佐野 洋子 訳
あかね書房　1984 年　32p　21 × 26

去年、火事で家財道具を失ったわたしと母さんとおばあちゃん。疲れて
帰った母さんが座るいすもない。そこで大きなびんに小銭を貯めて……。
女の子の語り口調そのままに素直に読めばよい。火事の場面は深刻にな
りすぎないように。最終ページで余韻を味わって。

215 からすたろう

9分

やしま たろう ぶん・え
偕成社　1979 年　35p　31 × 23

村の学校に入学以来、皆からのけ者にされてきた少年ちび。それでも雨
の日も嵐の日も遠い山奥から通い続けた。そして 6 年目、ちびは自分の
才能に目を向ける新任の教師と出会い……。感傷的にならず、落ち着い
た声で読みたい。

216 ギルガメシュ王ものがたり

中〜

ルドミラ・ゼーマン 文・絵　松野 正子 訳
岩波書店　1993年　24p　27×30

14分

太陽神からメソポタミアの都に遣わされた王ギルガメシュは、強さを見せつけようと、人々に城壁造り（つか）を命じた。だが苛酷（かこく）な労働に苦しんだ人民は神に助けを求める。世界最古の叙事詩であることを告げて読むと、しっかりと受け止めてくれる。

・ギルガメシュ王のたたかい

・ギルガメシュ王さいごの旅

217 西遊記 1──石からうまれた孫悟空

中〜

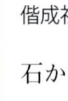

于大武（ウ タイブ）絵　唐亜明（トウ アメイ）文
偕成社　2006年　36p　30×31

少人数　16分

石から生まれ、仙術を身につけた孫悟空が、天界で大暴れした罰に山の下にとじこめられるまで。読みなれない固有名詞が多いので、スラスラ読めるように十分練習を。神話的な世界の広がりを意識して、力強い声で歯切れよく読んでほしい。

・西遊記 2

・西遊記 3

218 十万本の矢──三国志絵本

中〜

于大武（ウ タイブ）絵　唐亜明（トウ アメイ）文
岩波書店　1997年　32p　23×30

少人数　8分半

蜀（しょく）の軍師孔明（ぐんしこうめい）は、魏（ぎ）と戦うため呉に同盟をもちかける。だが、孔明の才能を妬む（ねた）呉の軍師周瑜（しゅうゆ）は、十万本の矢を集めろと難題を吹きかける。話が面白いので、「三国志」を知らない子でもついてくるはず。前後の見返しの絵は適宜（てきぎ）見せて。

219 シンドバッドの冒険

ルドミラ・ゼーマン 文・絵　脇 明子 訳
岩波書店　2002年　31p　30×24

「千一夜物語」中のシンドバッドの冒険から、クジラの島、ロク鳥など
の有名な場面をまとめた。冒頭の「千一夜物語」の説明は、魅力的だが
省略することもできる。スリルいっぱいの場面が続くため、緊張感を保
ちつつ読みたい。見返しの地図は最後に見せても。

・シンドバッドと怪物の島

・シンドバッドのさいごの航海

220 すばらしいとき

ロバート・マックロスキー ぶん・え　わたなべ しげお やく
福音館書店　1978年　61p　31×24

アメリカ・メイン州の小島で一緒に暮らす娘たちに、春から夏の「すば
らしいとき」を父親が語る詩情豊かな本。大きな事件が起こるわけでは
ないが、自然の美しさが味わえる。全体の流れをつかんで、息切れしな
いように、ゆったりと読みたい。聞きなれた子に。

221 せかいでさいしょのポテトチップス

フェリシタ・サラ 絵　アン・ルノー 文　千葉 茂樹 訳
BL出版　2018年　34p　26×24

クラムさんの食堂はいつも人気。でも、風変わりな紳士フィルバート・
パンクティリアス・ホースフェザーズは揚げポテトに何度もダメ出し
……。実話を基にした新メニュー誕生物語。紳士の名前をつっかえない
ように練習を。巻末解説もかいつまんで説明するとよい。

222 空とぶじゅうたん
——アラビアン・ナイトの物語より

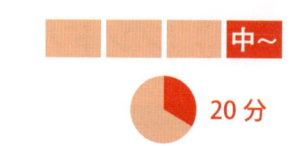

20分

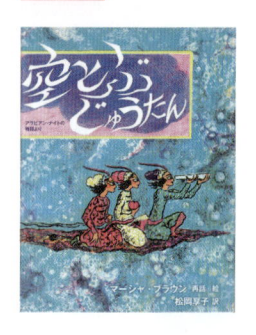

マーシャ・ブラウン 再話・絵　松岡 享子 訳

アリス館　2008年　48p　26×20

むかし、インドの3人の王子は、同じ王女を愛してしまい、父王は世界一の宝物を持ち帰った者に結婚を許すと告げる。長男は空とぶ絨毯、二男は魔法の遠眼鏡、三男は魔法のりんごを手に入れる。長さがあるので、だれずに読みたい。落ち着いて聞けるときに。

223 大森林の少年

36分

ケビン・ホークス絵　キャスリン・ラスキー作

灰島かり訳　あすなろ書房　1999年　48p　29×25

1918年アメリカ。インフルエンザの猛威から息子を守ろうと、両親は10歳のマーベンを北の大森林の伐採現場に送る。家族から離れた少年の日々と、それを包む木こりたちの愛情が素直に描かれる。かなり読みでがあるので本をしっかり支える工夫を。

224 ちょうちんまつり

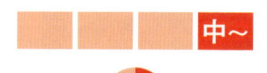

15分

徐楽楽 絵　唐亜明 文

福音館書店　1994年　40p　22×29

昔々の中国の村が舞台。提灯祭りの日、お百姓の王七が、山中で碁をうつ老人を見ていると何百年もたっていた。現世に戻るためには……。聞き手が時間の経過を感じられるように、不思議な雰囲気を損なわずに読みたい。中国伝承譚の再話。新版は木城えほんの郷より。

225 ディック・ウイッティントンとねこ
——イギリスの昔話

20分

マーシャ・ブラウン さいわ・え　まつおかきょうこ やく

アリス館　2007年　32p　26×21

ロンドンに出てきた孤児のディックは、飢えで倒れたところを金持ちの商人に拾われる。主人の貿易船のために唯一の財産である猫を差し出したことから、思わぬ幸運が始まり……。この昔話がもつ素朴な力強さを信じて、飾らず読んでほしい。

226 にぐるまひいて

バーバラ・クーニー え　ドナルド・ホール ぶん
もき かずこ やく
ほるぷ出版　1980年　40p　22×27

少人数　7分　中〜

10月、父さんは、1年かけて家族みんなが作り育てたものを荷車に積み、牛にひかせて売りにいく。羊毛、ショールや手袋、じゃがいも、かえでざとう等々。100年以上前のアメリカの暮らしの雰囲気が伝わるよう、ゆったりと読みたい。

227 はなのすきなうし

ロバート・ローソン え　マンロー・リーフ おはなし
光吉 夏弥 やく
岩波書店　1954年　69p　21×17

少人数　10分　中〜

子ウシのふぇるじなんどは、草の上にすわって静かに花の匂いをかぐのが好き。でも思わぬことから"猛牛"と誤解され、闘牛場へ連れていかれ……。スペインが舞台の静かなユーモアをたたえた絵本。場面ごとの切れ目を意識して読むこと。

228 パパの大飛行

アリス・プロヴェンセン, マーティン・プロヴェンセン 作
脇 明子 訳
福音館書店　1986年　39p　22×27

11分　中〜

世界初の英仏海峡横断の歴史的事実を絵本化。フランスのルイ・ブレリオは失敗を重ね、実用飛行機を完成。1909年、妻子の見守る中、英国に向けて発つ。ブレリオの奮闘ぶりを軽妙に描いているので、洒落た味を出しつつ読みたい。最終ページを読んでもよい。

229 ハーモニカのめいじんレンティル

ロバート・マックロスキー ぶん・え　まさき るりこ やく
国土社　2000年　62p　32×24

11分　中〜

歌も口笛もだめなレンティルは、ハーモニカの名人めざして猛練習。ある日それが役に立つ珍事件が……。おかしみのある話で使いやすい。登場する歌の楽譜が巻末にあるので、歌を交えて読んでも楽しい。

230 バラライカねずみのトラブロフ

中〜 10分

ジョン・バーニンガム さく　せた ていじ やく
童話館出版　1998年　32p　28×22

酒場に住むねずみ一家の子・トラブロフは、音楽が大好き。ロシア伝統の楽器バラライカを作ってもらい、ジプシーの楽士について旅に出る。「いきたそらがありませんでした」など、文学的な言い回しもあるので、事前に練習して、迷わず読めるように。初版はほるぷ出版（1976年）。

231 飛行士フレディ・レグランド

中〜 6分半

ジョン・エイジー 絵・文　清水 奈緒子 訳
セーラー出版　1996年　32p　29×24

大西洋を越えパリへ向かう小型飛行機がフランスの田舎に不時着。乗っていた飛行士フレディを助けた農家の夫婦は飛行機に興味津々……。表紙から話が始まるので、文はないがよく見せて。2回目の救出者が誰かわからないようなら、言葉をそえてもよい。

232 ひょうざん

中〜 7分

ブラディミール・ボブリ え　ローマ・ガンス ぶん
正村 貞治 やく
福音館書店　1968年　40p　21×24

氷山は、もとは氷河の一部。北極や南極で何千年もかけてつもった雪が、厚い氷になったものが氷河。それが割れると氷山になる。身近な題材ではないが、美しいデザインの絵と簡潔な文がわかりやすく、興味を誘う。夏に読むと涼しい気分になれそう。

233 フレデリック
——ちょっとかわったのねずみのはなし

中〜 6分

レオ・レオニ 作　谷川 俊太郎 訳
好学社　1969年　29p　28×23

古い石垣の中、5匹の野ねずみがすんでいた。冬にそなえ、4匹がせっせと食物を集めてもフレデリックは動かない。冬のため彼が集めているのは光と色と……。詩の世界を味わえるよう、落ち着いた雰囲気のときに。

234 ほしになったりゅうのきば

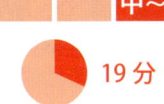

赤羽 末吉 画　君島 久子 再話
福音館書店　1976年　48p　24×31

中〜　19分

龍のけんかで天が破れ、さけ目から大雨が。苦しむ村を助けるため、石から生まれた若者サンは、つくろい上手のクマ王の娘を嫁にもらいにいく。天空の起源を語る壮大な話。読み手には雰囲気を保つ集中力が必要。最後の、文字のない見開きもゆっくり見せて。

235 ボルカ──はねなしガチョウのぼうけん

ジョン・バーニンガム さく　きじま はじめ やく
ほるぷ出版　1993年　32p　27×21

中〜　12分

生まれつき羽のないがちょうのボルカは、お母さんに羽をあんでもらうが、いつも仲間はずれ。冬になると皆は旅立つが、ボルカは飛べない。しみじみと心温まる話なので落ち着いたテンポで。4場面目の6羽の名前は指さしながら読むとよい。

236 よあけ

ユリー・シュルヴィッツ 作・画　瀬田 貞二 訳
福音館書店　1977年　32p　24×26

中〜　4分

夜、湖の木の下で祖父と孫が眠る。そよ風が吹き、さざ波がたつ。鳥が鳴く。夜明けだ。文はごく短いが、刻々と変化する自然の神秘的な美しさを絵から味わえるよう、一場面ずつ、しっかり間をとって。唐の詩をもとにしたアメリカの絵本。

237 ロバのシルベスターとまほうのこいし

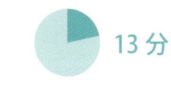

ウィリアム・スタイグ 作　せた ていじ やく
評論社　1975年　32p　31×24

中〜　13分

願いの叶う赤い小石を見つけたロバの子シルベスター。ライオンに出くわし、とっさに岩になりたいと願ってしまう。クライマックスの、シルベスターが岩からロバに戻る場面は、「ほんとのぼくにもどりたい！」と願うところまで、前のページを見せながら読むとよい。

  みなさんの疑問にこたえて

Q 絵本を見せたとたん「知っている」といわれてしまいます。
子どもたちが知らない絵本を読んだ方がよいのでしょうか？

A その絵本を知っているのはその子だけで、大部分の子どもは知らないのです。気にせず読んであげてください。その「知っている」も、たいていの場合、「タイトルを知っている」だったり、「好きだから読んで」だったりします。絵本はたくさんの人たちに共有されている文化です。聞き手のなかに、その絵本を知っている子どもがいることはうれしいことです。

Q 読んでいる途中に、子どもに質問されたらどうしたらよいですか？

A たいていの場合は、質問した子に「あなたの質問は受け止めましたよ」という気持ちでうなずく程度で、そのまま読み続けてよいと思います。ただし、多くの子どもが同じ疑問を持っていて、それが絵本のカギになる重要な言葉であったら、簡単に説明します。このようなことが予想できる場合には、読み聞かせの前に「この絵本には〇〇という言葉が出てきますが、それは××という意味です」などあらかじめ伝えておいてもよいでしょう。

Q お話会に参加する子どもの年齢構成が、様々に変わり、困っています。

A 年齢に幅のある子どもたちを同じプログラムで満足させることは難しく、どうしても下の年齢にあわせることになります。最後に大きい子向けの絵本を読むのもよいでしょう。
その場合にも、小さい子が十分満足した様子だったら、そこで一区切りして小さい子たちには出てもらう方法もあります。複数の絵本を用意しておいて、聞き手に合わせて臨機応変にプログラムを変える心がけも求められます。
しかし、参加した子どもの満足度を上げるには、お話会を年齢で分けることが最も有効です。主催団体の目的や考え方によって異なりますが、年齢別に行い、1人ひとりの子どもが満足して、また参加しようという気持ちになることを大切にしたいものです。

Q 子どもの知らない言葉や現代の生活から姿を消したものがでてくる絵本は、
読んでもわからないのではないでしょうか？

A 子どもは知らない事柄や言葉に囲まれて、生活しています。ところが絵本の中では、具体的なストーリーを通して新しい言葉と出会い、その意味やイメージを肌で感じとることができます。
また昔の道具などは、その使い方も含めて知ることができます。絵本ほど、子どもを未知の世界へやすやすと連れて行ってくれるものはありません。

Q 演じてはいけない、淡々と読んだ方がよいと聞きますが、どのような読み方ですか？

A 俳優でもない私たちが、声音を変えてセリフを読んだり、声を張り上げたりすれば、子どもたちは読み手に気をとられ、絵本を楽しむことができません。といって一切の感情を出さずに読んでいては、絵本の世界に入っていけません。読み手が絵本を楽しんで、自然に読めば、それが子どもたちに伝わります。
経験を重ねていくうちに、物語の流れにそって、ゆっくりとはじまり（起）、徐々に盛り上がって（承）、クライマックスへと至り（転）、緊張がゆるんで静かに終わる（結）といった絵本の流れを子どもたちとともに、たどることができるようになります。

Q 絵と文が合わないときは、どうしたらよいですか？

A 絵と文が合うように、読む文章をずらしたり、絵だけのページには、前後に書かれたその場面の文章を読むなど工夫してみてください。難しければそのままでも構いません。

Q 読んでいるときに、子どもたちをどれくらい見ればよいのでしょうか？

A ごく幼い子どもたちをのぞいて、特に意識して子どもたちを見ることはありません。あなたがそこにいて読むだけで、子どもたちは読み手の温かい存在を感じています。子どもたちの様子を知りたければ、間がある場面で見てください。

Q 長い絵本はどのように読み聞かせたらよいでしょうか？

A 読み手も聞き手も経験を重ね、信頼関係を育ててから挑戦してみると安心でしょう。話の流れをよくつかむことが大切です。新しい展開をみせるところや時間が経過した場面では、話に区切りをつけて、気持ちを新たにして次の場面を読みましょう。

読みはじめはゆっくり、話が急展開する場面では、勢いをつけるなど、一本調子になって、だらけないように気をつけます。気持ちの集中を最後まで保ってください。成功すると、聞き手も読み手も大きな満足感を共有することができます。

本を支える自信がない方は、椅子の背や台に、手か絵本を乗せてもよいでしょう。

「中学年〜」(p.64〜) では長い絵本を取り上げています。

Q このガイドにのっている絵本を手にするにはどうすればよいですか？

A 残念ながら日本では、新刊が短期間で入手できなくなる傾向にあります。まず、お近くの公共図書館に出かけて、借りてください。気に入って何度も読みたいと思ったら、学校図書館等の蔵書として買ってもらうのもよいでしょう。

よい絵本がたくさん読まれるようになれば、復刊への道につながるかもしれません。版元の出版社に問い合わせたり、要望を伝えたりすることも力になります。

Q お話会のプログラムをたてるときに気をつけることは何ですか？

A 大切なことは、時間内に終わるように、盛りだくさんにせず、余裕をもって組むことです。まず中心となる絵本——あなたが一番読みたいと考える絵本、聞き手が満足できるしっかりしたストーリーのある絵本——を決め、それに何を加えたらよいかを考えます。

好みや関心が異なる子どもたち1人ひとりが楽しめるように、多様な絵本を組み合わせます。ジャンルの異なった絵本（創作絵本、昔話、知識の本、詩の本）、持ち味の違う絵本（しっかりしたストーリーの本、気軽に楽しめる本、やり取りを楽しむ本）の組み合わせなどが考えられます。季節を感じられる絵本を入れてもよいでしょう。また昔話や物語の読み聞かせをプログラムの中心にすることもできます。

読み手が交代して、各自が用意してきた絵本を次々と読み聞かせるのは避けましょう。短い時間なら、ひとりの人が本のバランスや子どもの反応を考慮してプログラムをたてる方が望ましいでしょう。

具体的なプログラム例は、次ページ以降に掲載してありますので、参考にしてください。

お話会
プログラム例

幼児1

・ ・ ・ ・ ・ ・ ・ ・ ・

29 『ティッチ』
33 『どうやってねるのかな』
28 『ちいさなねこ』

10分

人形遊び 「くまさんのおでかけ」
　　　　『エパミナンダス』東京子ども図書館
35 『ねこがいっぱい』
36 『ねずみのいえさがし』

6分

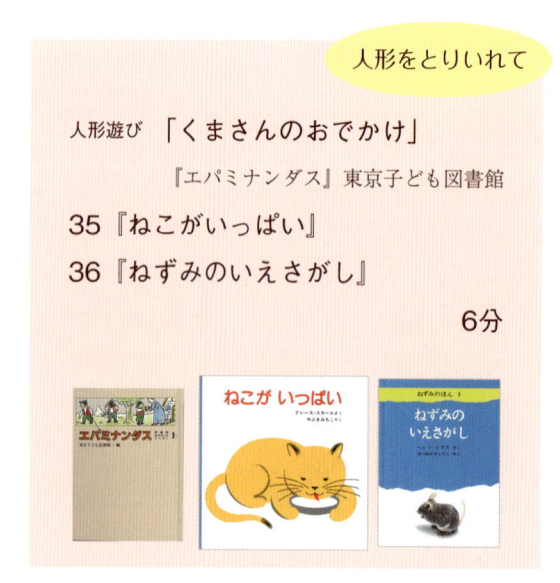

45 『もこ もこもこ』
 5 『おおきなかぶ』
48 『わたしのワンピース』

11分

音やリズムを
たのしんで

47 『ゆかいなかえる』
17 『やさい』
18 『ぐりとぐらのかいすいよく』

13分

夏向きの
プログラム

23 『三びきのやぎのがらがらどん』
20 『くろねこかあさん』
 2 『アンガスとあひる』

13分

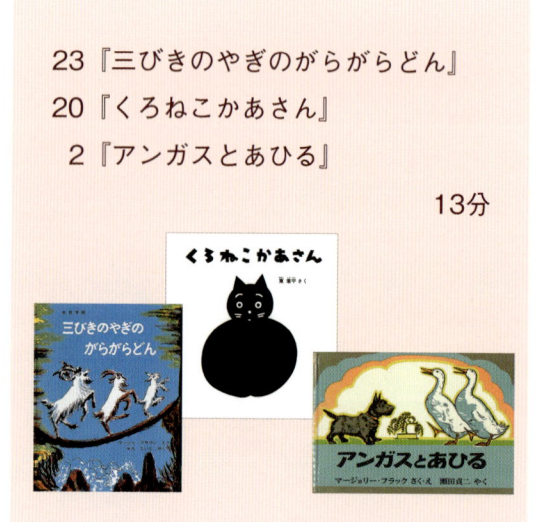

幼児2

昔話 「三びきの子ブタ」

『イギリスとアイルランドの昔話』福音館書店

手遊び 「こぶたが一匹……」

『エパミナンダス』東京子ども図書館

56 『イエペはぼうしがだいすき』

16分

61 『おおかみと七ひきのこやぎ』

11 『かあさんねずみがおかゆをつくった』

114 『どろんこハリー』

17分

春に

132 『ペレのあたらしいふく』

109 『たんぽぽ』

わらべうた 「たんぽぽ たんぽぽ…」

11分

手遊びをとりいれて

100 『しょうぼうじどうしゃじぷた』

手遊び 「いちわのにわとり…」

『おはなしのろうそく31』東京子ども図書館

物語 「いぬとにわとり」

『おはなしのろうそく31』東京子ども図書館

13分

おまけに参加型の絵本をとりいれて

54 『アンディとらいおん』

87 『こっぷ』

139 『ママ、ママ、おなかがいたいよ』

16分

低学年

169 『王さまと九人のきょうだい』
204 『ゆうかんなアイリーン』

21分

58 『いっすんぼうし』
4 『おおきくなったら』
86 『こいぬがうまれるよ』

20分

夏向きの
プログラム

107 『ターちゃんとペリカン』
183 『さるとわに』

17分

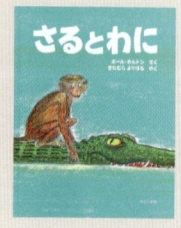

151 『ろくべえまってろよ』
134 『ぼくはこどものぞうです』
197 『はなのあなのはなし』

18分

199 『ひよこのかずはかぞえるな』
126 『ひとつ、アフリカにのぼるたいよう』
昔話 「アナンシと五」

『こども 世界の民話　下』実業之日本社

18分

中学年～

雨の季節に

昔話 「ふるやのもり」

『なまくらトック』東京子ども図書館

160『あめのひ』

　95『しずくのぼうけん』

16分

218『十万本の矢』

166『ウラパン・オコサ』

156『あかてぬぐいのおくさんと
　　　7にんのなかま』

18分

冬向きの
プログラム

昔話 「十二のつきのおくりもの」

『エパミナンダス』東京子ども図書館

83『クリスマスのまえのばん』

18分

アフリカのお話と
絵本を組みあわせて

昔話 「山の上の火」

『山の上の火』岩波書店

162『いちばんのなかよし』

22分

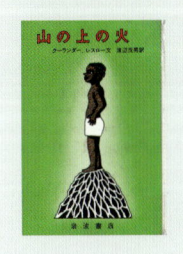

1冊でたっぷりの
聞きごたえ

225『ディック・ウイッティントンとねこ』

20分

書名索引

書名はスペースの関係で一部省略
しています。

件名索引

キーワードから絵本を探すために

件名（キーワード）は原則として50音順に並べました。
からだ、季節・行事などは大きな項目のもとにまとめました。
関連のある項目は⇔マークで示しました。

スペースの都合上、限られた件名のみを挙げました。より詳細な件名は『絵本の庭へ』（児童図書館基本蔵書目録1）をご覧ください。

それぞれの項で、作品は、掲載順に並べました。シリーズの続巻もすべて同じ件名をもつ場合は［ほか］と表記しました。

書名は一部省略しています。

件名索引

件名索引

東京子ども図書館　出版あんない

●おはなしのろうそく 1〜32［以下続刊］

東京子ども図書館編　大社玲子さしえ
A6判　48p　各定価：本体400円または500円＋税

てのひらにのる小さなお話集です。各巻に幼児から小学校中・高学年まで
たのしめる日本や外国の昔話、創作、わらべうた、指遊びなどを数編ずつ
収録。1973年刊行開始以来、語りや読み聞かせのテキストとして圧倒的
な支持を受け、現在までの総発行部数が178万部のロングセラーです。子
ども向きに再編集した「愛蔵版おはなしのろうそく」シリーズは、小冊子
の2冊が1巻になっています。（全10巻　各定価：本体1600円＋税）

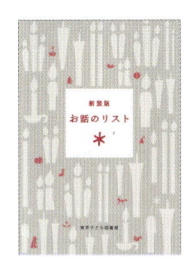

●新装版 お話のリスト

東京子ども図書館編　B6判　224p
定価：本体1200円＋税　ISBN978-4-88569-081-5

子どもに語るのに向く226のお話を選び、あらすじ、語り方、子ども
の反応、出典、対象年齢、時間を紹介しています。件名索引つき。

●絵本の庭へ（児童図書館 基本蔵書目録1）

東京子ども図書館 編　A5判　400p
定価：本体3600円＋税　ISBN978-4-88569-199-7

戦後出版された絵本の中から、子どもたちに手渡し続けたい
1157冊を厳選。それぞれに表紙の画像と簡潔な紹介文をつけ
ました。キーワードから本を探せる件名索引、お話会に役立つ
読み聞かせマークなども充実しています。

2巻目、物語の森へ（児童図書館 基本蔵書目録2）では、
創作物語や昔話、詩など約1600冊をとりあげています。

●ブックトークのきほん──21の事例つき（TCLブックレット）

東京子ども図書館編　A5判　88p
定価：本体600円＋税　ISBN978-4-88569-226-0

ブックトークは、子どもを本の世界へ招き入れる手だてのひとつです。その基本と
なる考えや、実演に当たって気をつけることを具体的に論じた入門書。実践者によ
る「シナリオ」7点と「実践報告──プログラムと子どもの反応」14点を収録。

出版物をご希望の方は、お近くの書店から、地方・小出版流通センター扱いでご注文ください。
当館への直接注文の場合は、書名、冊数、送り先を明記のうえ、はがき、ファックス、メール
（アドレスhonya@tcl.or.jp）でお申込みください。総額2万円以上のご注文の方、東京子ども図
書館に賛助会費を1万円以上お支払いの方は、送料をこちらで負担します。
東京子ども図書館　〒165-0023　東京都中野区江原町1-19-10
Tel.03-3565-7711　Fax.03-3565-7712

東京子ども図書館は、子どもの本と読書を専門とする私立の図書館です。1950 年代から 60 年代にかけて東京都内 4 ヵ所ではじめられた家庭文庫が母体となり 1974 年に設立、2010 年に内閣総理大臣より認定され、公益財団法人になりました。子どもたちへの直接サービスのほかに、"子どもと本の世界で働くおとな"のために、資料室の運営、出版、講演・講座の開催、人材育成など、さまざまな活動を行っています。くわしくは、当館におたずねくださるか、ホームページをご覧ください。 U R L   http://www.tcl.or.jp

編集担当者　杉山きく子　張替惠子　古賀由紀子　清水千秋　護得久えみ子

本ガイド作成にあたっては、以下の方々ほか、多くのみなさまにご協力いただきました。心より感謝申しあげます。（敬称略）

　大場悦子　土屋智子　杉山英夫

 TCLブックレット
よみきかせのきほん
——保育園・幼稚園・学校での実践ガイド

2018年10月17日　初版発行
2019年 1 月25日　第 3 刷発行

編　集　東京子ども図書館
発行者　張替惠子
発 行 所
著作権所有　公益財団法人 東京子ども図書館
　　　　　〒165-0023　東京都中野区江原町1-19-10
　　　　　Tel.03-3565-7711　Fax.03-3565-7712

印　刷　株式会社ユー・エイド